建築年表 1968−1991

# 建築的冒険者たちの海図

一九六八年から一九九一年の日本は、奇跡的な経済発展を実現し、世界的な存在感を示した時代だった。都市は歴史的に富の集中したときに形成される。しかし、日本では富は分割され、個別の建築が「種の爆発」のように出現していた。［北山 恒］

2

3

1

5

4

## ◉一九六八年までの時代のうねり

1953 Team X発足

1959 メタボリズム・グループ結成

1960 **名古屋大学豊田講堂**（槇 文彦）
『桂 日本建築における伝統と創造』 丹下健三ほか
『第一機械時代の理論とデザイン』 R・バンハム

1961 **ベルリンの壁構築**
アーキグラム結成
**東京文化会館**（前川國男）
**東京計画1960**（丹下健三）①
『日本の民家』 二川幸夫・伊藤ていじ
『アメリカ大都市の死と生』 J・ジェイコブズ

1962 『沈黙の春』R・カーソン

1964 **東京オリンピック**
「建築家なしの建築」展覧会（MoMA）
**東京カテドラル聖マリア大聖堂**（丹下健三）
**国立屋内総合競技場**（丹下健三）②
**ホテル東光園**（菊竹清訓）③
『形の合成に関するノート』 C・アレグザンダー

1965 『都市はツリーではない』 C・アレグザンダー

1966 **白の家**（篠原一男）④
**パレスサイドビル**（林 昌二：日建設計）
**塔の家**（東 孝光）⑤
『都市の建築』A・ロッシ
『建築の多様性と対立性』 R・ヴェンチューリ

円相場（1ドル／円）

市街地価格指数（六大都市*全用途 各年9月末の 対前年変動率）

日経平均株価（円）

凡例
『』：書名・雑誌名 「」：論考タイトル 海外文献は原著の刊行年を示した。
**太字**：建築名 （ ）：設計者名 青字：海外の動向・文献 藍字：世界情勢

＊六大都市＝東京区部、横浜、名古屋、京都、大阪、神戸

2

4

1

5

3

9

7

## 1968

パリ五月革命

**坂出人工土地**（大高正人）1

**霞が関ビルディング**（三井不動産＋山下寿郎）2

**クレバスの家**（六角鬼丈）3

『都市住宅』創刊（編集長：植田 実）

『日本の都市空間』都市デザイン研究体

『Whole Earth Catalog』創刊

## 1969

**ヒルサイドテラス第Ⅰ期**（槇 文彦）4

**散田の家**（坂本一成）

**国立近代美術館**（谷口吉郎）5

「建築の解体」磯崎 新（『美術手帖』連載開始）

『代謝建築論 か・かた・かたち』菊竹清訓

『環境としての建築』R・バンハム

『デザイン・ウィズ・ネーチャー』I・マクハーグ

## 1970

**大阪万博・お祭り広場**（丹下健三ほか）6

**水無瀬の町家**（坂本一成）

**桜台コートビレジ**（内井昭蔵）7

**KIH**（鈴木 恂）

**セキスイハイムM1**（大野勝彦）8

『住宅論』篠原一男

8

11

6

12

13

10

## 1971

未完の家（篠原一男）9

福岡相互銀行東京支店（磯崎 新）

アルミの家（伊東豊雄）10

ブルーボックスハウス（宮脇 檀）

松川ボックス（宮脇 檀）11

福岡相互銀行本店（磯崎 新）

「空間へ」磯崎 新（『美術手帖』連載開始）

## 1972

焼津の住宅1（長谷川逸子）

中銀カプセルタワービル（黒川紀章）12

反住器（毛綱毅曠）13

『神殿か獄舎か』長谷川 堯

『ラスベガス』 R・ヴェンチューリ

『成長の限界』 ローマ・クラブ

## 1973

青山南町の住宅（富永 譲）

円相場（1ドル／円）

市街地価格指数

日経平均株価（円）

1971.08.15〜
ニクソンショック

1973.4〜
変動為替相場制

1973.10〜
第1次オイルショック

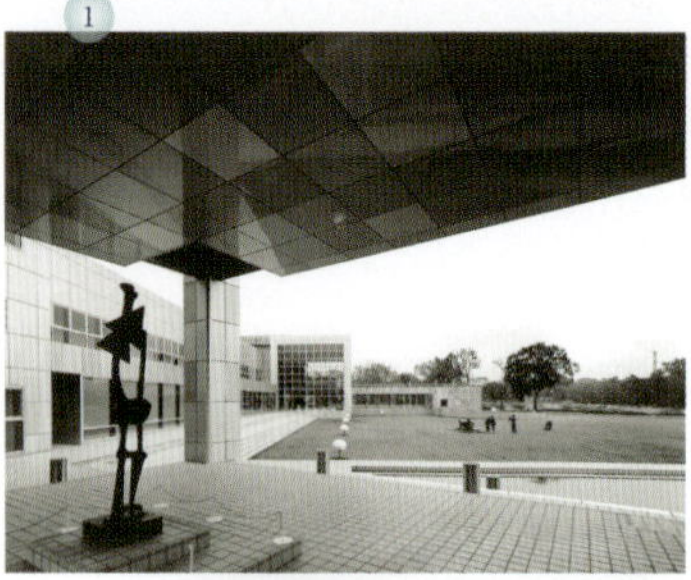

1

5

4

6

8

2

9

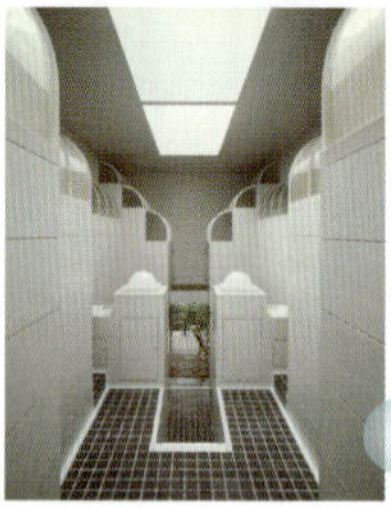

3

7

## 1974

北九州市立美術館（磯崎 新）
群馬県立近代美術館（磯崎 新） 1
顔の家（山下和正） 2
原邸（原 広司） 3

## 1975

幻庵（石山修武） 4
54の窓（石井和紘＋難波和彦） 5
等々力邸（藤井博巳）
『外部空間の設計』 芦原義信
『監獄の誕生』 M・フーコー

## 1976

上原通りの住宅（篠原一男） 6
中野本町の家（伊東豊雄） 7
住吉の長屋（安藤忠雄） 8
フロム・ファーストビル（山下和正） 9
『生きられた家』 多木浩二
『マニエリスムと近代建築』 C・ロウ

## 1977

雑創の森学園（六角鬼丈） 10
山川山荘（山本理顕） 11
上田の住宅（富永 譲） 12
『パタン・ランゲージ』 C・アレグザンダー
『ポストモダニズムの建築言語』 C・ジェンクス

日経平均株価（円）

市街地価格指数

15

16

12

11

10

13

14

## 1978

**小田原の住宅**（富永 譲）

**資生堂アートハウス**（谷口吉生＋高宮眞介） 13

**箱根プリンスホテル**（村野藤吾）

『都市のルネサンス』陣内秀信

『錯乱のニューヨーク』R・コールハース

『コラージュ・シティ』C・ロウ＋F・コッター

## 1979

**積み木の家Ⅰ**（相田武文） 14

**徳丸小児科**（長谷川逸子） 15

「平和な時代の野武士達」槇 文彦（『新建築』10月号）

『東京の原風景』川添 登

『街並みの美学』芦原義信

## 1980

第一回ヴェネツィア建築展「過去への現前」

**散田の共同住宅**（坂本一成）

**利賀山房**（磯崎 新）

**樹根混住器**（六角鬼丈） 16

『見えがくれする都市』槇 文彦

『現代建築史』K・フランプトン

円相場（1ドル／円）

1979〜
第2次オイルショック

1

4

8

5

3

2

6

## 1981

名護市庁舎（象設計集団＋アトリエ・モビル） 1

『日常生活批判』三部作完結　H・ルフェーヴル

## 1982

P3会議（磯崎 新、安藤忠雄、伊東豊雄が参加）

日本浮世絵博物館（篠原一男）

## 1983

六甲の集合住宅（安藤忠雄） 2

つくばセンタービル（磯崎 新） 3

国立能楽堂（大江 宏） 4

土門拳記念館（谷口吉生） 5

『群居』創刊（編集長：布野修司）

『隠喩としての建築』柄谷行人

## 1984

伊豆の長八美術館（石山修武）

釧路市湿原展望資料館（毛綱毅曠）

眉山ホール（長谷川逸子）

TIME'S（安藤忠雄） 6

シルバーハット（伊東豊雄） 7

藤沢市秋葉台文化体育館（槇 文彦）

9

7

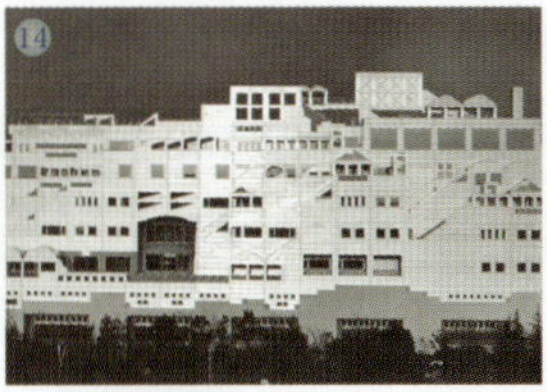

14

13

12

10

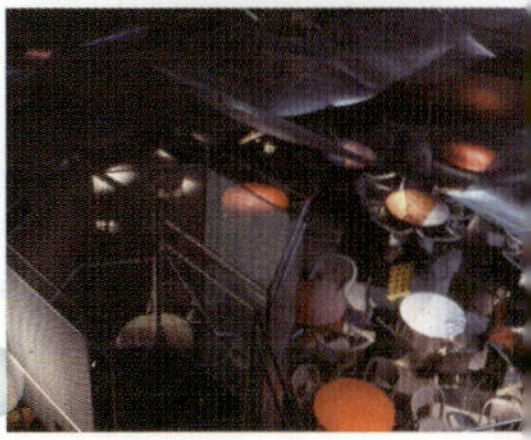

11

## 1985

盈進学園東野高等学校（C・アレグザンダー） 8

スパイラル（槇 文彦） 9

アトリウム（早川邦彦）

『東京の空間人類学』陣内秀信

## 1986

六甲の教会（安藤忠雄）

GAZEBO（山本理顕） 10

NOMAD（伊東豊雄） 11

## 1987

東京工業大学百年記念館（篠原一男） 12

キリンプラザ大阪（高松 伸） 13

ヤマトインターナショナル（原 広司） 14

『空間〈機能から様相へ〉』原 広司

## 1988

House F（坂本一成）

日経平均株価（円）

市街地価格指数

1985.09.22
プラザ合意

1987.10.19
ブラックマンデー

円相場（1ドル／円）

1

2

3

4

5

6

7

8

**参考文献**

『新建築6月号臨時増刊　建築20世紀　PART 2』一九九一年／槇 文彦「平和な時代の野武士達」『新建築』一九七九年一〇月号／「市街地価格指数」日本不動産研究所／「日経平均株価」日経新聞社


## 1989

**ベルリンの壁崩壊**

**幕張メッセ**（槇 文彦）

**TEPIA**（槇 文彦）

**光の教会**（安藤忠雄）①

**東京都葛西臨海水族園**（谷口吉生）②

**東京武道館**（六角鬼丈）

**ホテル・イル・パラッツォ**（A・ロッシ）

「消費の海に浸らずして新しい建築はない」
伊東豊雄（『新建築』11月号）

## 1990

**東京都新庁舎**（丹下健三）③

**水戸芸術館**（磯崎 新）④

**東京体育館**（槇 文彦）⑤

**湘南台文化センター**（長谷川逸子）⑥

『東京の「地霊」』鈴木博之

1989.12.29
日経平均株価
史上最高値

## 1991

**ソ連崩壊**

**日本バブル崩壊**

**丸亀市猪熊弦一郎現代美術館**（谷口吉生）⑦

**再春館製薬女子寮**（妹島和世）⑧

日経平均株価（円）

市街地価格指数

円相場（1ドル／円）

年表制作＝法政大学北山恒研究室（久保田啓斗・福地和来・藤田彩加・大橋大貴・大久保維織）

# 建築的冒険者の遺伝子

1970年代から現代へ

ギャラリーIHA／法政大学デザイン工学部建築学科
デザイン・ラボ・ユニット 編

彰国社

目次

デザイン＝水野哲也（Watermark）

# 1968/1970-1989/1991

北山 恒

一九七〇年代から八〇年代、日本では若手建築家による建築的冒険がふつふつと湧き出ていた。それは、西欧文明から発したモダニズム運動への抵抗のようであり、同時に、世界を均質に覆い尽くそうとする文化動向に対する地域的な批評行為でもあった。さらに言えば、西欧から見ると、日本という辺境で起きた建築の新しい「種の爆発」のようにもみえた。

ケネス・フランプトンは、このような地域からの文化的批判行為を「ポスト・モダニズム」や「コンテクスチュアリズム」と関連付けながら、「批判的地域主義」という言葉で表現し、西欧文明の大きな流れのなかの副流として位置づけた。けれども、「今」という場からみると、それは副流ではなく西欧文明という「レジーム(体制)」の解体の予兆であったのではないか。つまり西欧文明が生み出した「アーキテクチャー」が相対化され、新しい概念が登場しつつあったのだと思う。槇文彦は、そのモダニズム以降の時代感覚を「漂うモダニズム」という論考で観測している(二四二頁)。

このレクチャーシリーズでは、独自の動向を展開しつつあった日本の七〇年代の建築的冒険を再録し、そこからあらためて未来を展望することを狙った。会場となったギャラリー

ＩＨＡの主宰者であり、自身も七〇年代の冒険者である長谷川逸子の意向もあって、現在三〇歳代前半の若い建築家とのクロスダイアローグとし、タイトルは「一九七〇年代の建築的冒険者と現代の遺伝子」とした。結果として、七〇年代から継続する、西欧文明発の一方的な批判的地域主義を乗り越える新しい概念が示されたと感じている。そこで本書のはじめとして、七〇年前後から今日に至る建築界のクロニクルを記しておきたいと思う。

## 一九六八／一九七〇

槇文彦による「漂うモダニズム」では、一九七〇年頃までの建築は、誰もが同じ大きな船に乗っていたが、七〇年代を境にその船から大海原に投げ出され、一人ひとりがバラバラに泳ぎ始めなくてはならなくなったというイメージが書かれている。そのきっかけとなったのが一九六八年のパリの五月革命である。それは学生を中心とした既成制度への異議申し立てであり、アメリカを頂点とする資本主義社会と、それがもたらす文化の均質化に対する抵抗運動であった。

当時の日本は、産業が急速に拡張して世界で最も洗練された工業技術をもつ国となり、一九六八年には国民総生産（ＧＮＰ）がアメリカに次ぐ世界第二位の経済大国となった。また、敗戦後に制度的に移入された近代的政治である民主主義や近代的生活様式が定着しつつあった。そこでは、建築以外の、演劇、音楽、アート、デザインなどの分野でも、寺山修司、荒川修作、倉俣史朗、三宅一生、武満徹、横尾忠則といったリーダーが登場した。同時に、彼らの活動を共有し批評を行なう、吉本隆明、多木浩二ら、思想家や評論家も現れ、多様なメディアがその状況を活発に社会に伝えていた。新しい世界観は多種多様な活動が同調し、互いに影響し合いながら形づくられていく。この時代、近代システムや資本の巨大化が社会を抑圧し始めた状況のなかで、まるで宙吊りにされた解放区のように文化的空間が出現していたのだ。

磯崎新の「建築の解体」は、一九六九年から『美術手帖』で連載が始まった。それは、当時の革命的言説と連動するように、それまでの日本の建築界に幕を下ろし、主役が入れ替わることを示しているように思えた。また、一九六八年に創刊された『都市住宅』は、古い枠組みを乗り超える建築の出現を伝えるメディアであり、若い世代はこれを通して新しい建築の動向を吸収していった。この表紙の企画は磯崎新が担当していて、まるで建築的マニフェストを宣言するポスターのようでもあった。そして一九七〇年、この革命劇の大団円のように大阪万博が開催される。おそらく一九六八年から七〇年に至る時期は、新旧の時代が入れ替わる臨界点であったように思える。

## 平和な時代

一九七〇年代の日本は、経済的に緩やかな成長基調を保ち、豊かな時代を迎えていた。それまでは国家や特権階級しか許されなかった「建物をつくる」という行為に一般市民も参加できる社会が実現した。それは、第一次世界大戦後モダニズムの黎明期のヨーロッパで豊かな市民階級が登場し、ル・コルビュジエが彼らをクライアントとして実験的な建築を生み出していたのに似て、一般市民がさほど実績のない若い建築家に住宅設計を依頼するという環境が整い始めていたことを示している。この若い建築家たちこそ、本レクチャーの主役である「平和な時代の野武士達」なのだが、この背景には一九六八年から七〇年に至る時代の切断を経て、建築的冒険を支える社会が実現し、彼らの建築を受け入れる新しいクライアントが存在したことが考えられる。つまり、建築は社会を管理する側ではなく、文化的意識をもった市民の表現としてつくられるようになり、さらに豊かな経済環境と多様な文化的背景のなかで先鋭化が加速したのだ。

一方、高度経済成長は急激な都市化を推し進め、都市部では土地が細分化されて、敷地が小さくなりながらも戸建て住宅が建てられる。この状況は、急激な経済拡張と都市膨張という社会環境の変化のなかで生まれている。第二次世界大戦後、西欧世界も同様の状況が観測されており、それに反応して多様な都市論が提出され、都市の構成単位である建築のあり方に影響を与えていた。それは結果的に、都市の変容に向けて提出された建築のアポリアに対する回答を用意することになった。

槇文彦による「平和な時代の野武士達」という論考は、まさに日本におけるこの様相を描写したものだった。

考えてみるとこの数年、外国からやってくる新しい建築の波は必ずしもポスト・モダニズムだけを標榜しているのではない。たとえば、ロッシ、クリエ兄弟たちのラショナリズムの運動も、レム・コールハースの最新書『Delirious New York』におけるマンハッタン島論、ヴェンチューリの『ラスヴェガスの教訓』、ヴェネヴォロの『近代建築の歴史』、コーリン・ロウの『コラージュ・シティ』、アンダーソンの『街路について』、タフーリの『建築とユートピア』など、最近重要だと思われる図書はほとんどはすべて本質的には都市論ではなかったか。彼らは都市の文化を論じ、そこから建築の意味を探ろうとしている。米国のアイゼンマンの主宰する都市建築問題研究所の発行する雑誌『Opposition』も、英国の『AD』誌も最近の内容の半分以上はなんらかのかたちで都市の問題にかかわりあっている。

（『新建築』一九七九年一〇月号）

この考察のなかではさらに、本来は近代建築運動の本質は都市論であったにもかかわらず、日本ではオブジェクトとしての〈工学的建築〉を主題にしたために、都市が置き去りにされていると、日本における建築の特殊な状況が指摘されている。

## 一九八九／一九九一

一九八九年、ベルリンの壁が崩壊する。それはソヴィエト連邦を中心とする共産主義社会の退潮を示していた。そして、一九九一年にソヴィエト連邦が崩壊し、世界はアメリカ一国による覇権体制となる。資本主義に対抗する原理が不在となり、アメリカの巨大資本が主導するグローバリズム経済という資本の暴走が始まる。日本ではこの間、一九九一年から九三年に、バブル崩壊という経済クラッシュを経験する。これとリンクして、表現としてのポスト・モダニズムは終焉し、金融資本主義の独占が始まり、建築はこの目には見えない経済原理を表象する一手段と変容していく。

一九七八年にレム・コールハースが『Delirious New York』(邦題『錯乱のニューヨーク』)を著して以降、同氏による『S,M,L,XL』以外、都市に関する重要な理論書は出ていない。建築における都市論はこの四半世紀空白である。それは、経済活動のためにつくられた「現代都市」の構造をさらに加速させ、金融資本を中心とする世界が求めるアイコニックオブジェとしての建築が主役の座を占めることになっていたからである。

## そして現代

二〇〇八年のリーマンショック、日本では二〇一一年の三・一一を経験して、一九九一年から四半世紀後、人間の共同性や生活を主体とする都市や建築に目が向けられるようになっている。気づくと、一九七〇年前後の時代とは異なる社会状況、それは人口が減少し、経済活動が停滞し、都市は縮減するという現実が眼前にある。都市の膨張期に「七〇年代の建築的冒険」が行なわれたのは、社会状況の変異に対応するものであった。そして現代の都市は、七〇年代とは非対称的な変化の時代を迎えている。建築は都市によって定義されるとするなら、都市が大きく変化するとき、都市の行く末を知るためのヴィジョンとしての都市論が必要とされ、それに呼応して新しい建築が登場する。

一九七〇年代に提出されていた文明論的な世界の危機意識、ひとつは地球環境の有限性であり、それは人間と物との関係を自然のなかに包摂する概念として再度検討を促すものだった。さらに、西欧文明を中心としない地域自律型の思想は、世界の多様性を認めるものとして継承されることとなった。さらに人間の営みを中心とする思想、例えば槇文彦から示された「共感のヒューマニズム」は、依然として重要な主題であることが確認されている。そして何よりも、われわれのなかに、巨大化し暴走を始めた経済が主導する都市の急激な変化に介入する術を手に入れられないまま、オブジェクトとしての建築に終始してしまった状況を批判的に止揚する態度が生まれ始めているのだ。

本連続レクチャーを通して、さまざまな階層で七〇年代から継続される都市や建築の問題群が浮かびあがり、それを貫くようにして回答を求める次の世代の胎動が感じられたと思う。詳細は本文を読んでいただきたい。

# 漂うモダニズムと私

槇 文彦

「漂うモダニズム」は、時・空間を自在に横断して、モダニズムという一〇〇年におよぶ旅程を俯瞰《ふかん》した論文である。その視座から日本の七〇年代の建築状況を世界のタイムラインのなかで定義付けていただくことが、この連続レクチャーの座標軸になるだろうと考えた。なぜなら槇さんご自身がまさにモダニズムの中心にあって、日本の建築の動きにも深くかかわってこられているからだ。

ここでは、槇さんにモダニズム思想を基底としながら、六〇年代の動向、本連続レクチャーのテーマであり、槇さんが「野武士」と形容した七〇年代の建築家たちの時代、さらには現代の若手建築家たちが模索する建築について語っていただいた。そこに、私たちが進む道程のヒントがあるのではないだろうか。

■北山恒

# I 建築家と建築空間の変遷

## 「野武士」誕生の背景

二〇一二年に『新建築』に「漂うモダニズム」という論文を寄稿しました(二四二頁)。そこでは、現在の建築は、西欧を中心とした普遍語であるモダニズム建築が行き詰まり、まるで大海原に投げ出されてしまったような状況にある、しかしこうした時代だからこそ「建築とは何か」を問い直し、新しい建築を生み出せる可能性があるのではないか、というようなことを語りました。私自身は、どのような時代にもその時代にふさわしい「共感のヒューマニズム」が存在し、建築はそれを体現するものであると考えてやってきました。

今回、北山恒さんがレクチャーシリーズを構想するにあたって、この論文を参考にしてくださったと聞きました。そこで私は「漂うモダニズムと私」と題して、自分の経験を通してモダニズム建築をパースペクティブとして語りながら、その結果として、これからの建築や建築家像がおぼろげながらでも見えてくることを希望しています。

私は東京大学で丹下健三[＊1]先生から建築を学んだ後、ハーバード大学に留学してホセ・ルイ・セルト[＊2]に師事しました。二人ともル・コルビュジエ[＊3]に強い影響を受けていました。そのコルビュジエは、一九二八年からCIAM（近代建築国際会議）［＊4］を主宰し、当時第一線で活躍していた建築家を招聘して、モダニズム建築や都市について語り合う場を設けていました。その後一九五三年には、CIAMから若い建築家がTeam X（チーム・テン）［＊5］を立ち上げます。メンバーにはアリソン＆ピーター・スミッソン夫妻［＊6］、アルド・ファン・アイク［＊7］、ヤコブ・バケマ［＊8］らがいました。こちらは共通する建築的課題や互いの作品を批評し合うような、CIAMよりも自由な雰囲気でした。同じ頃一九六〇年前後の日本では、大高正人さん［＊9］、菊竹清訓さん［＊10］、黒川紀章さん［＊11］を中心にメタボリズム運動［＊12］が興って、六〇年に東京で開催された世界デザイン会議［＊13］でマニフェストを発表したり、実作を通してメタボリズムの精神を表現したり、出版活動を行なっており、私もメンバーの一人に加わっていました。

私はとても幸運なことに、当時の世界的な建築家たちの薫陶《くんとう》を受け、建築界の運動に参加する機会に恵まれたのです。その中心がコルビュジエであり、誰からも尊敬されていました。彼の影響力はとても大きく、建築にとどまらず風貌やスタイルにもおよんでいて、当時の建築家はみんな彼の真似をして蝶ネクタイをしていたほどです。

「漂うモダニズム」に話を戻しますと、一九七〇年頃まで建築家たちは、巨匠もそうでない人も、敵も味方も、ひとつの大きな船に乗っていました。その船がどこに向かっているのかわからなくても、とにかくみんなで一緒に進むのだという感覚があったのです。ところが、

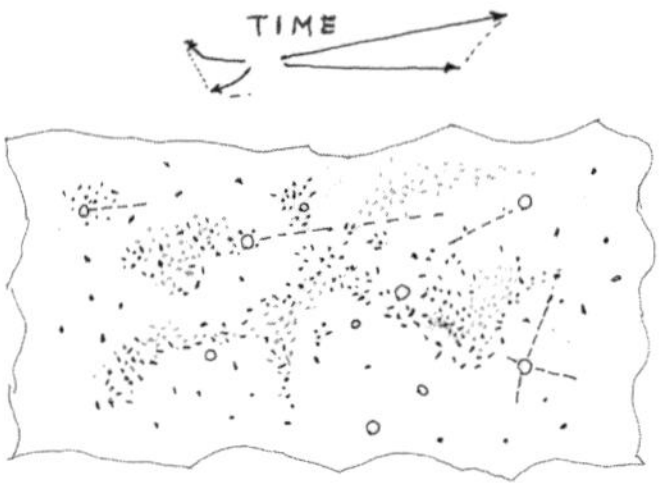


大海原を表現したダイアグラム

七〇年代以降、その船はなくなってしまい、一人ひとりが大海原に投げ出され、どこかに向かって泳いで行かなければならなくなった。なかには、時代はポストモダンだからといって歴史主義に向かったり、地域主義が模索されたりといろいろな建築が登場してきました。時々キラッと光る建物が出てきたりもしましたが、それを目がけて一斉に進むかというとそうでもない。小さい潮流がいくつもあるといった状況で、かつての大きな船にみんなが一緒に乗っていた時代とは明らかに違っていました。

当時、チャールス・ジェンクス［＊14］に会ったときに、私は彼にこんなことを言いました。

「以前は喧嘩の相手や一緒にやろうという奴がいた。ところが七〇年代以降になると、敵もいないけど味方もいない、そういう状況ができてきたのではないか」。彼はその言葉に大きく心を動かされたようでした。

その後、一九七九年に当時『新建築』の編集長だった石堂威さんから、小さい建物だけど、おもしろい建築をつくる人たちがいるから、彼らの作品を見て批評してほしいという依頼を受けました。そしてまとめたのが「平和な時代の野武士達」という論文で、富永譲さん［＊15］、長谷川逸子さん、相田武文さん［＊16］ら、当時の若手建築家たちの、主に住宅作品を紹介しました。そのなかで、私はこんな一説を書いています。

時に田園に、また時として猥雑な都市環境の中に突如と現われ、独りたたずむ彼らの建築の姿は（中略）、孤立した点の建物群と、対称的な古来からの日本の風物、そんなことを思い比べていた時私は彼らの背後にふっと戦国時代の野武士の像を見たような気がした。野武士は主を持たない。したがって権力も求めない。（中略）しかし野武士たちは芸熱心（デザイン熱心）である。だから常におさおさ自分の芸を琢磨するに怠りない。それが主を持たない彼らの唯一のアイデンティフィケーションであり、命の糧であるからである。

（『新建築』一九七九年一〇月号）

ここでなぜ「野武士達」と名付けたかというと、それは日本の建築家の生態が少しずつ変わってきていると感じたからです。一番の理由は、彼らは、戦国時代の野武士のように特定の「主」、つまり「師」をもたない。私たちの世代は、例えば東京大学丹下研究室の場合は、門下生として浅田孝さん［＊17］、大谷幸夫さん［＊18］、私、磯崎新さん［＊19］、黒川紀章さんらがおり、このように出身大学や師事する教授を中心とするつながりがありました。ところが、富永さんや長谷川さんの世代は特定の師をもっていない。そこで「野武士」という言葉を使ったのですが、それが意外と受け入れられてその世代の建築家を象徴するような言葉になりました。ここで重要なのは、野武士というのは作品のスタイルではなくて、建築家としての生態を表していたということです。

仲建築設計スタジオ「食堂付きアパート」2014年

## 空間の共有と独占

さらに時代がさかのぼって、現在の若い建築家はどうなのでしょうか。二〇一六年のヴェネツィア・ビエンナーレでは、東京理科大学教授の山名善之さんがコミッショナーを務め、「en［縁］：アート・オブ・ネクサス」と題して、若い建築家の仕事を紹介していると聞いて興味をもちました。実際には行っておらず写真を見た限りですが、なかなかおもしろいなあと思いました。例えば、仲俊治さん［＊20］の「食堂付きアパート」はこれまでの住宅とは違って、共同食堂やシェアオフィスといった共有スペースのある新しい集合住宅です。あるいは、西田司さんと中川エリカさん［＊21］の「ヨコハマアパートメント」も一階が地続きのオープンスペースで、二階が各ユニットになっています。これは私の解釈ですが、彼らの作品は「地面」というものをとても重要視している。地面は開かれたものであり、地面を通じてつながりができてくる。「地面を愛する」という姿勢がはっきりと現れているところに、ヴァナキュラーな建築であるかつての「家」と共通したものが立ち現れているように感じました。

同時に、新しい世代では「住宅＝家」の概念が変わってきているのではないかとも思いました。私たちや野武士の世代にとって、家とは他人が自由に入っていけない確然とした領域があるもの。「空間の所有」が前提でした。その意味ではモダニズムの延長にあったのです。もちろん今紹介した二つの作品が若い世代の建築のすべてではありません。しかし彼らの作品には明らかに、空間の共有、すなわち多くの人々の共感を呼び起こすような、建築における「共感のヒューマニズム」への現代的な解釈が存在しているのです。

一方、地面を愛し、空間の共有をめざす建築と対峙する、資本主義を究極に進めてしまった建築がニューヨークにできた「432パークアベニュー」という九六階建ての超高層マンションです。その平面図を見ると、マンションの上層部はワンフロアに八つのベッドルームがあるたったひとつのユニットが占領しています。エッフェル塔もスカイツリーもお金を払えば、誰もが一番上に行って景観を共有することができますが、ここはそうではありません。ネオリベラリズムが徹底した世界、九〇億円とか百億円とか途方もない高額のお金を払った家主の家族や友人しか行くことのできない、まさに景観を独占している建築です。今後はこうしたものが許される社会が拡大していくのでしょうが、建築家がこのような問題にどう立ち向かうのかが問われると思います。

# Ⅱ　共感のヒューマニズムを求めて

## 共感を呼ぶ建築

イギリスの建築雑誌『アーキテクチャー・レビュー』が主催する「The World's leading prize for Emerging Architects」というアウォードがあります。その受賞作品や受賞者の所在地の分布図を見ると、興味深いことに日本とスペインが最も多く、スリランカとタイが続いています。西欧ではない日本などのアジアの国々や景気がよくない南欧のスペインで、若い建築家たちがユニークな建築をつくっているということです。

もうひとつこのアウォードの重要な特徴は、審査員の「共感」によって選抜されるという点です。そのせいなのか、受賞作品には子どものための施設が比較的多く選ばれています。子どもの行為は国や文化、時代を超えて共通したものがあります。そこに建築的価値を見出したものが多いのは、ある種の共感のヒューマニズムが存在しているのではないでしょうか。

## 視線の構造

子どものための建築ということならば、二〇一六年、アメリカの建築雑誌『アーキテクチ

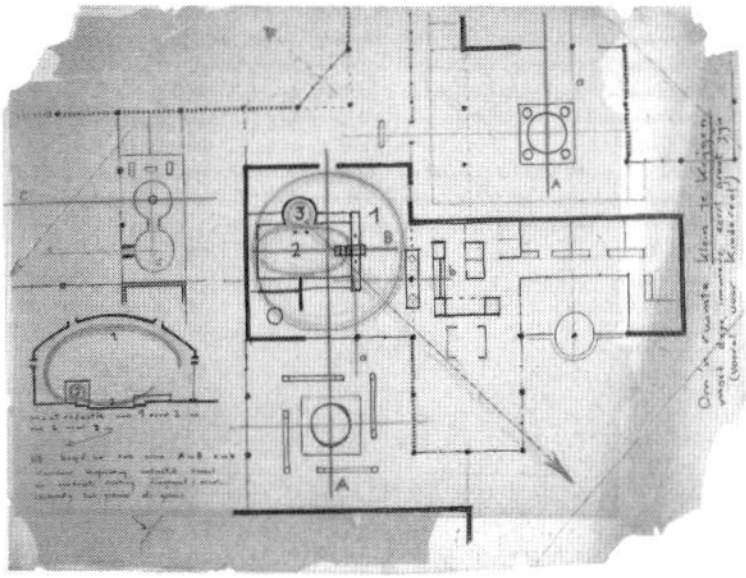

「子供の家」平面図

アルド・ファン・アイク「子供の家」1960年

ャ・レコード』が創刊一二五周年を記念して、世界中から一〇人の建築家を選んで「あなたに一番影響を与えた建物は何か」というアンケートを行ない、私は、一九六〇年にアルド・ファン・アイクがアムステルダムにつくった「子供の家」と回答しました。その理由は、ここの空間が子どもたちの「視線の構造」を重視して構想されていると考えたからです。建築にとって視線はとても重要です。なぜなら、われわれはまず「見る」、そして見てから考えたり、感じたり、次の行動を起こすからです。そこには空間を経験する人間という主体を見出すことができます。

この建物はここで暮らす園児たちの視線の構造を重視し、各ユニットは水平や斜めなど、多様な視線が交錯するように配されていて全体を形成しています。そこには子どもたちの生き生きとした行為を保障するという、アイクの共感のヒューマニズムが読み取れるのです。彼とは、Team Xで出会ってから、ワシントン大学、ハーバード大学で一緒に教える機会があり、家族ぐるみで仲良くなりました。私がアムステルダムを訪問した際に彼自身がここを案内してくれました。

視線の構造は、西欧と日本ではそのあり方が大きく違います。例えば『Last Year At Marienbad』（邦題『去年マリエンバードで』）という映画の舞台となるバロック庭園は、西欧を代表する幾何学的庭園様式でつくられています。これはある場所から視点が通るヴィスタを設定して幾何学的に庭を構成していくもので、王や貴族といった支配者の権力を誇示するためになるべく遠くまで見通せることに重点がおかれています。

一方、日本の庭園は、その場その場で視線が展開されていく。視線がどこかで屈折して、背後にも気配を感じさせることを重要視しているのです。有名な桂離宮は、人が回遊することによって絶えず異なった視線が展開していきます。このような視線構造をつくった文化は当時のヨーロッパにはなかった。だから第二次世界大戦前に日本にやってきたブルーノ・タウト［＊22］は、桂離宮を訪問して大きな衝撃を受けたのです。

視線のあり方も、その地の文化が大きく反映されています。日本人が建築を設計するときには、最初はぼんやりした全体像があって、中に入ったらどのように外を見たいか、どうやって次の場所に行きたいかという視線の動きから考えることが多いことも納得できます。

視線の構造は都市レベルでもギリシャに見ることができます。アテネ郊外にパナティナイコという古くからの競技場があります。古代ギリシャは都市国家で、男性は重要な軍隊要員でもあったので、訓練のためにスポーツや競技が盛んに行なわれていました。ここがオリンピックの最初の競技場でもあります。ちょうどアテネの中心部から見てTの字型の道路の突き当りにあるので、視線的なインパクトは大きく、競技者や観戦者の存在がなくても圧倒的な感動を与えてくれます。公共の施設や場がもつべきひとつの姿かと思います。

グンナール・アスプルンド「イェーテボリ裁判所増築」1934〜1937年、中2階

パナティナイコスタジアム

スウェーデンの建築家エーリック・グンナール・アスプルンド[＊23]の「イェーテボリ裁判所」の増築は、「漂うモダニズム」にも取り上げましたが、視線の構造という意味でも秀作です。ここは一階のアトリウムに面した中二階の側壁の高さが一メートルで、人が椅子に腰かけると側壁に開けられた開口部を通して、視線が上下に通るように設計されています。こうすることで椅子に座っている人は自己の領域を確保しながら下階を覗くことができるし、下階の人は逆に見上げることで腰かけている人の存在をそれとなく感じることができます。つまりそこにいるときに互いの視線を通して、他者と空間を共有していることになるわけです。これはアスプルンドが視線を重視した結果生まれた優れたデザインだと思います。

では、私自身は視線の構造をどのように建築に取り入れてきたか、いくつか紹介しましょう。

二〇〇九年にできたマサチューセッツ工科大学内の「メディア・ラボ」です。当時の所長、ニコラス・ネグロポンテから「大きな家」をつくってほしいと言われました。私はまず彼が

「メディア・ラボ」2009年

「メディア・ラボ」模型

言う「家」とはどんなものだろうかと考えました。一般的に「家」は比較的単純な視線構造でできています。例えば、寝室と居間、台所と食堂などのあいだの関係は認識されやすいレイアウトです。そこで、家がもつ単純な視線の構造を応用して空間を構成することを試みました。

メディア・ラボには七つのラボがあります。そこで各ラボを建物の二層分の真ん中にある吹き抜けに置いて、その中二階にシニア研究員のオフィスを配置するというユニットに納める。この七つのユニットを組み合わせることによって、全体が形づくられています。視線は、吹き抜けによって垂直に、さらにガラス製の壁面から水平や斜めにも抜けます。このような視線の構造によって、大きな建物であるにもかかわらず自分の位置が認識しやすく、ほかのラボへの出入りもしやすい、開かれた空間体となっています。

二〇一四年にトロント郊外に完成した「アガ・カーン ミュージアム」は、建物の外側は比較的閉じていますが、内側は大きな中庭を設けることによって光や視線が通るように設計されています。中庭を取り巻くようにレストラン、ショップ、オーディトリアム、ホワイエがあり、普段は誰もが自由に行き来できる広場のような空間

「三原市芸術文化センター」2007年、ホワイエ

「アガ・カーン ミュージアム」2014年

です。時々パフォーマンスや展覧会が開かれることもあり、人々が親しく交われる場所となっています。

つまり、「視線の構造」が空間に一定の秩序を与えるということです。建築や都市の姿は、視線という軸を手がかりにしてある秩序を展開したいという、人々の欲望の現れでもあります。

## 汎用性のある空間

汎用性のある空間が重要視される時代になってきたと感じます。

二〇〇七年に竣工した「三原市芸術文化センター」は市民公園の中にあり、古くなった文化施設を建て替えて一二〇〇人収容の音楽ホールをつくるというプロジェクトでした。人口一〇万人の都市で、一〇〇〇人の観客が見込める演目なんてめったにありません。そこで私たちは、建物の公園に面した部分に壮大ではないヒューマンスケールのホワイエを設けることにしました。ここは文化センターのエントランスも兼ねていますが、これといった目的のない、パヴィリオンのような空間があってもいいのではないかと考えたわけです。音楽会があればいっぺんに賑やかになりますし、何もないときは公

「三原市芸術文化センター」

園で遊ぶ子どもたちを眺めながらくつろぐこともできます。最近ではケータリングをとって結婚披露宴なども行なわれているようで、私たちの期待以上の使われ方がされているようです。空間が人々に対していろんな使い方を示唆するのです。

つまり、これからは空間の時代であって、建築という形の時代ではない。もちろん、結果として形はあってもいいけれど、形をつくることが建築の目的ではないということです。空間を経験する人間の立場からすると、空間の楽しさ、汎用性があることが大切なのではないでしょうか。

## 孤独を楽しめる空間

人間は群れるという本能と、孤独を楽しむという両方の性向があるように思います。代官山の「ヒルサイドテラス」の中にあるカフェで、印象的な一人の中老の紳士を見かけました。彼はいつも同じ席に腰かけて、かならず四分の一の小ボトルの赤ワイン、サンドイッチ、コーヒーを頼みます。そして外の風景を眺めながらゆっくりランチをして一時間くらいくつろいでいました。ここで感じたことは、最近では引きこもりの人が多いと社会的な問題になっているようですが、孤独を楽しめるパブリックスペースの存在も大切なのではないかということです。

青山の「スパイラルビル」では、国道に面した三階のエスプラナードに、適度な距離を置いて椅子が設置されています。いつ行っても何人かが椅子に腰かけてぼんやりと外を眺めたり本を読んだり、都市の中の孤独を楽しんでいるように見えます。ここはこの建物の中で一番変わらない場所でもあります。変化が激しい東京にあって、ある種の安定したパブリックスペースとなっているのです。海外で講演したあとに一人の女性が近づいて来て、東京にいたときはいつもあそこに座っていましたと声をかけてくれました。こうした都市の中の孤独という感覚は、インターナショナルなのかもしれませんね。

ヒルサイドテラスの印象的な紳士

# Ⅲ　アナザー・ユートピア

## 都市の秩序を生むオープンスペース

私は、建築や都市にとって「外部空間」はとても大切であると考えています。

残念なことに、建築家は建築によって都市の中にユートピアをつくることができませんでした。そこで、あらためて都市づくりにおけるオープンスペースという外部空間の可能性を探りたいと思います。それを「アナザー・ユートピア」とします。

もうひとつ、オープンスペースとはヴォイドのような、原っぱのような開かれた場所、外部空間は建築や都市における物理的な場所という意味で使い分けていきます。

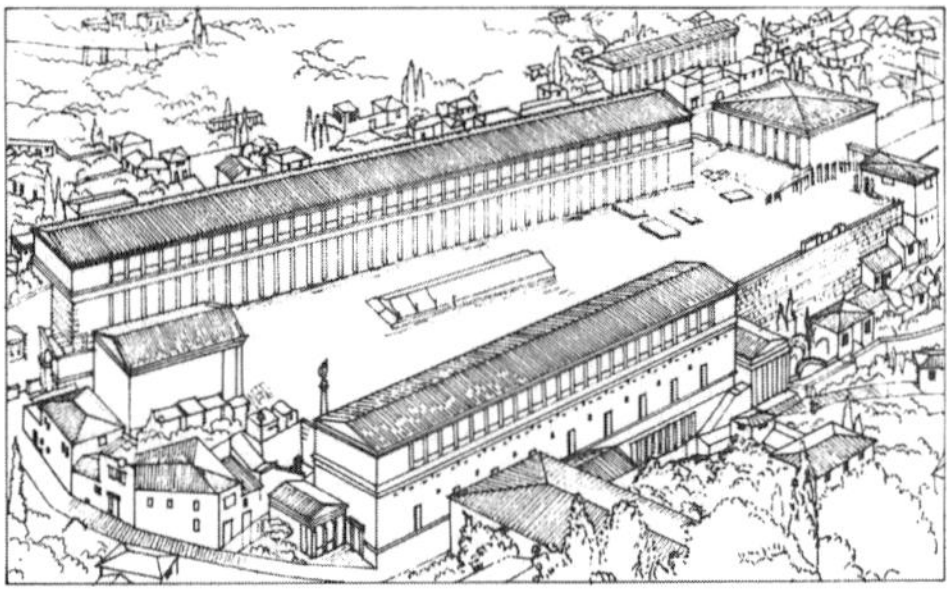
古代ギリシャのアゴラ

皇居のお堀端は東京で最も美しい風景のひとつです。東京の中心部は皇居というヴォイドを取り囲むように経済区である丸の内、商業や文化地区である日比谷界隈、行政区である霞が関、国会議事堂や首相官邸がある政治区、さらに大学や出版社などが集まる文教地区が形成されています。中心に皇居という巨大なヴォイドがあったからこそ、その遠心性や求心性によって地区のテリトリーが自然発生し、都市の秩序が生まれてきたと考えられます。つまり皇居がなかったら、東京はつまらない都市になっていたかもしれないのです。オープンスペースが新しい都市の秩序をもたらす好例と言えるでしょう。
また都市におけるオープンスペースは、人々を集める装置としての役割もあります。古代ギリシャには都市の真ん中にアゴラという

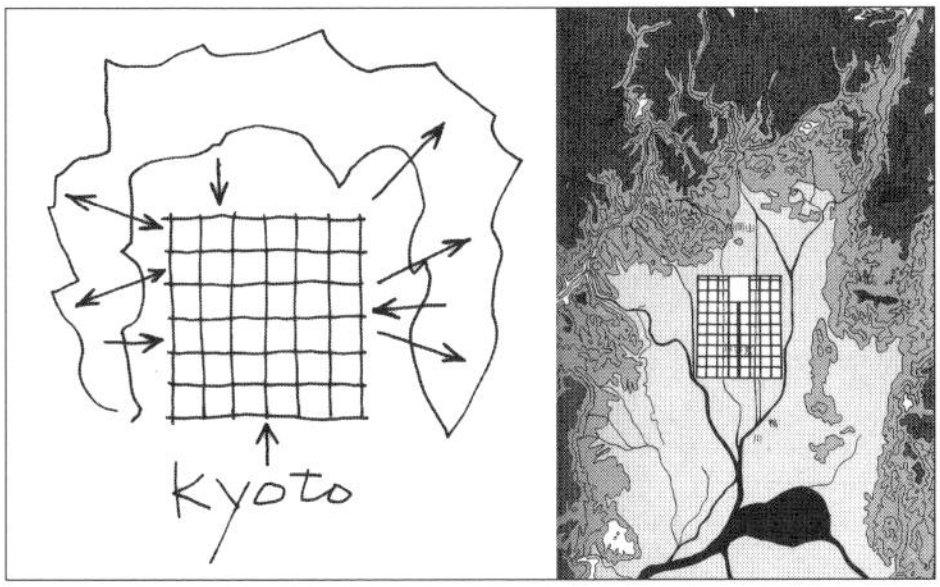


京都の都市デザイン

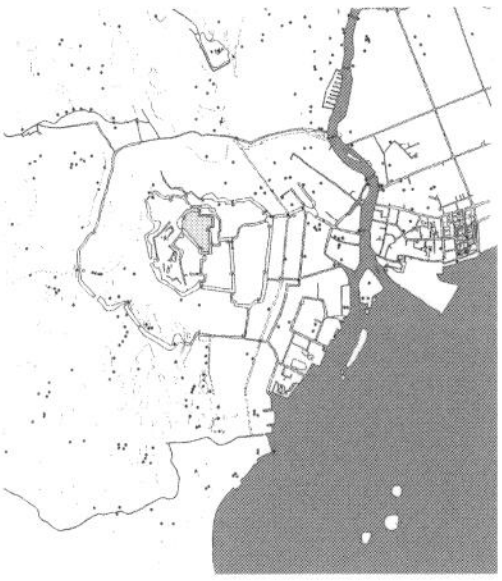

江戸の地図

広場があり、競技場や市場、知識人の議論する教育の場として使われていました。古代ギリシャでは人々の交流を奨励するために、都市にアゴラという空間的仕掛けを組み込んでいたわけです。

一方、江戸という都市は徳川幕府が支配する封建社会を背景に形成され、人々が集まることが危険視されていました。そのため人々が集って議論を交わすような広場はなく、代わりに行楽のための場所をあちこちに設けて人々の交流を図りました。当時の江戸は景色に恵まれていたようで、一〇〇を超える名所が記録されています。ギリシャの都市国家は広場をつくって人々を集約させることで国を治めたのに対し、江戸幕府は名所という場所を設けて人々を拡散させることによって統治を行なった。つまり人が集まって反乱のきっかけをつくるような広場はないほうがいいと考えていたのです。

京都は江戸とはまったく違っています。三方を山に囲まれた盆地に、中国で開発された都市デザインを輸入してつくられました。大陸に位置する中国では外敵からの防御のために都市の周りに堀をめぐらし、一方の京都は盆地という地形を活かすことで堀をつくらなかった。そして市街地と周縁のオープンスペースが上手に共存しています。われわれが都市パターンを考えるときには、京都のように自然の地形を活かすという視点が必要ではないかと思います。私は、人々の交流や参加を促すオープンスペースをアナザー・ユートピアとして検証することが重要であると考えます。

さて、私自身のアナザー・ユートピアの原風景は、かつて暮らしたこともあり、幾度となく訪れているニューヨークのロックフェラーセンター、ワシントン・スクエア、そしてニューヨーク近代美術館の中庭です。なぜだろうと思い返してみると、いつ行っても人々がゆっくりとくつろいでいる風景がある、恒久的に安定した外部空間であるという点で、これらの場所は共通しているのです。オランダの建築家レム・コールハース[*24]は『Delirious New York』(邦題『錯乱のニューヨーク』)のなかで、摩天楼群に焦点をあててニューヨークの都市論を語っていますが、私の場合は広場であるというわけです。私は子どもの頃、友だちとよく近くの原っぱで遊んでいたのですが、その習慣が原風景にも影響しているのかもしれません。

# Ⅳ コミュニティを生み出す外部空間

## 人をつなぐ外部空間

別荘地で知られる軽井沢のほぼ真ん中に南原という場所があります。この地区の大地主で

軽井沢の南原地区

早稲田大学教授であった市村今朝蔵が学者仲間と集えるような別荘地をつくろうと、昭和初期から自分の土地を分譲したことから始まっています。それぞれの敷地は塀や柵で仕切ることなく、誰もがいきなり玄関まで来られるようなオープンな別荘地となっています。さらに地区のほぼ中央に共有スペースとして運動場やクラブハウス、テニスコートがあり、今でも夏休みに子どもたちの遊び場となり、運動会や花火大会も開催されるなど、住民の交流の場として引き継がれています。

このシステムはすでに八〇年以上、ほぼ四世代にわたって続いていて、南原のコミュニティとして今でも継承されています。いわば「夏の定住社会」を形成しているわけです。東京のような都市では人々の流動によってコミュニティがだんだんなくなっているのとは対照的です。今では新幹線で東京から一時間で行き来ができるようになって、定住者も少しずつ増えていると聞いています。

さて外部空間について、私の建築を例にさらに話を進めていきましょう。

「ヒルサイドテラス」は、いろいろな外部空間を設けることによって、一つひとつ異なる建物がつながって、ある種の集合の秩序、安定した環境を生み出しています。さらに建物の中にも展示や集会のための共有空間があり、自然なかたちで外部空間につながっている。これ

「ヒルサイドテラス」

がヒルサイドテラスの空間的な特徴となっています。

　カリフォルニア大学ロサンゼルス校が主宰した「訪問すべきモダン建築」というサーベイがあって、二〇世紀の代表的建築一五〇選が発表されました。それによると、まずミース・ファン・デル・ローエ[＊25]の「バルセロナ・パヴィリオン」が最高点をとり、コルビュジエの「サヴォワ邸」と「ロンシャンの教会堂」とともに、ヒルサイドテラスが二番目にあげられました。ここは多くがオフィスや住戸なので、一般の人はショップや共有空間以外に入ることができません。しかしながら二番目になったということは、たぶん外部空間のクオリティが高評価につながっているのだと思います。

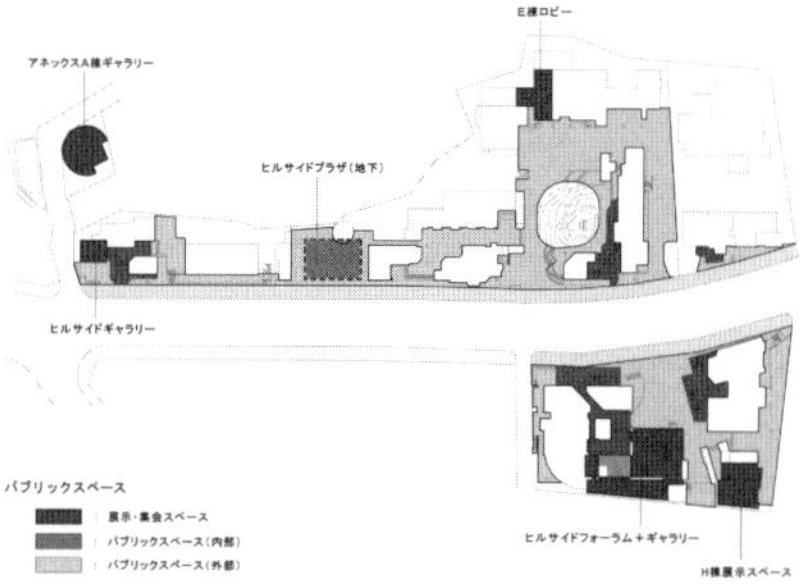

「ヒルサイドテラス」平面図

　ヒルサイドテラスは、オーナーである朝倉家と一緒につくってきました。一九六八年に始まった第一期から第二期までは店舗や住宅が中心でしたが、一九七六年以降の第三期からは文化の発信地になる施設も入れています。大事なことは、ギャラリーやホールなどの運営や企画を外注しないで、オーナーが自主的に展覧会やミニコンサートを計画していることです。そこでわかったことは、建築家は空間を与えることが第一ですが、その使い方を提案する機会も増えているということです。そのことによって、人々の対話から新しいコミュニティ意識も芽生え、さらにこれからの建築の可能性を示唆してくれるものと期待しています。

　最近、隣に「T-SITE」というブックショップを中心とした複合施設ができました。

「東京電機大学東京千住キャンパスTDU」2012年

代官山T-SITEの外部空間

このコンペに対して、われわれは道路沿いの樹木をぜひ残してほしい、そして外部空間をつくってほしいと注文を出させてもらいました。建築設計はクライン・ダイサム・アーキテクツ[＊26]ですが、こちらの要望を積極的に取り入れてくれました。実際に訪れると、地面にぺたんと座っている人や自転車を置いて一休みする人がいたり、子連れの家族が遊んでいたり、歩道に沿った外部空間で、ヒルサイドテラスにはない光景が繰り広げられています。

これはとても重要なことで、将来にはもっともっと必要になってくるはずです。建築家はたんに依頼された建物を設計するだけではなく、街のここはこうしたほうがいいよ、こんな風に活かしていこうよと、積極的に発言、提案していくべきではないでしょうか。

「東京電機大学 東京千住キャンパスＴＤＵ」は、二〇一二年に竣工した第一期に引き続き現在第二期工事中ですが、敷地に対してかなり高密度なキャンパスとなっています。ここはもともと日本たばこ産業の工場があって、周辺は学校や住居が建ち並ぶ密集地です。そのため、足立区、大学、建築家の三者の間では、当初から敷地を塀で囲わず、人が自由に行き交うことができるオープンなキャンパスにしようという合意がありました。実際、キャンパスの中央には公道も走っていて一般の車両や住人の往来も盛んです。

私たちは公道に沿った建物の一階部分をイタリアのボローニャにあるようなロッジア（回廊）にして、誰もが使えるレストランや店舗に入居してもらいました。ここはキャンパスでありながら街中にある共有の部屋のような存在で、学生だけでなく近所の方々がベンチに腰かけておしゃべりを楽しんだり、ミニコンサートや集会にも使用できる汎用性に富んだ外部空間となっています。

TDUの外部空間で遊ぶ園児たち

私が何より嬉しかったのは、付近の保育園の先生が園児を連れて遊びに来ていることとです。おそらくその保育園には十分な園庭がないのでしょうね。子どもたちは広場を思いきり走り回ったり、建物の円柱に抱きついたり、この場所を思い思いに楽しんでくれています。彼らが遊ぶ風景を眺めながら、私は、子どもは四角い柱ではなく円柱だから抱きつくのだなと思いました。きっと母親に抱きしめてもらった記憶があるのでしょう。子どもの施設をつくるときは円柱がよいというヒントをもらいました。

## オープンスペースの可能性

ここ数年、新国立競技場の建設が話題になっていますが、私はその先の「二〇七〇年の国

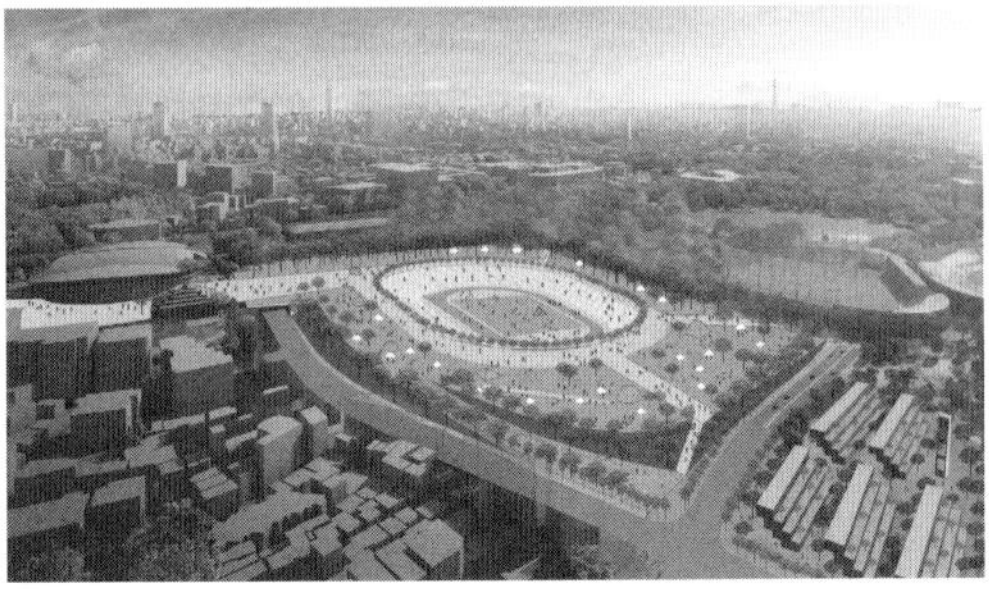

2070年の国立競技場案

立競技場」を提案してきました。この背景には、二〇二〇年に東京オリンピックが開催されて五〇年も経つと、日本ではおそらく人口減少や財政難からあの規模の建物をキープすることが困難になるに違いない、そうなったらまた建て替えるのではなく、大きなオープンスペースにするといいという思いがあります。

中央部分には一万人ぐらいの人々が寝そべりながら観戦ができる屋根なしの競技場が残り、周辺の原っぱと地下にはスポーツを楽しめる装置や歴史を学べる資料館をつくって、普段は子どもの遊び場や公園にする。例えば、原っぱの中には一〇〇メートルのトラックがあって、よーいどん！と走り出すと、ウサイン・ボルトの世界記録である九秒五八で鈴が鳴って彼の速さを体感できる、そんな仕掛けがあったら愉快だと思うのです。老若男女、海外から来た観光客も楽しめる場所が東京の真ん中にある。私が先ほどからオープンスペース、外部空間について話しているのは、われわれの生活に欠かせないこうした場所をもっとつくるべきだと考えているからです。

では見方を変えて、国立競技場規模のオープンスペースの周りに、どのような建物をつくったらいいか考えてみましょう。まず言えることは、オープンスペースの形が建物に影響を与えるということです。例えばオープンスペースが三角形だとすると、狭い角の部分はシニ

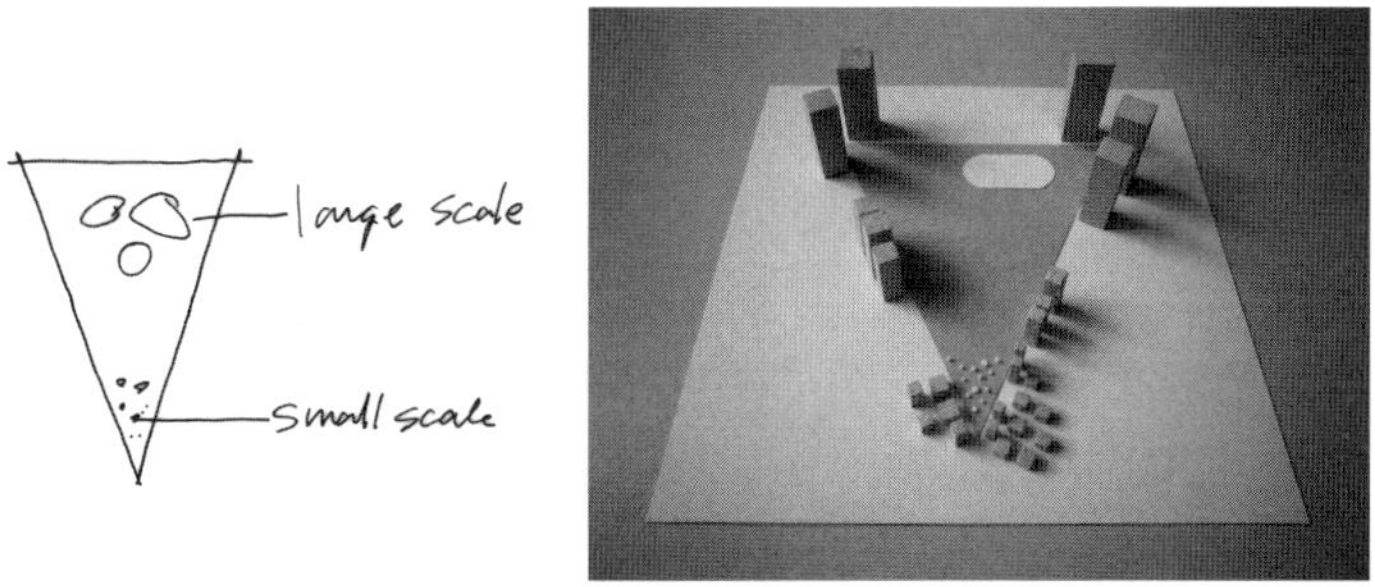


オープンスペースの可能性

アや子どもが集う親密な施設があり、反対側の広い部分は高層ビルやスポーツ施設など目的のはっきりした建物を置き、その間にはカフェや店舗といった多様な人が集える建物を配置していくといいのではないか。すると自然に三角形のオープンスペースの周辺にテリトリーが生じて地区を形成するようになる。

あるいはオープンスペースに丘をつくれば普段は寝そべったり、子どもたちが走り回る公園として使いながら、丘の下には緊急時の避難者用の自家発電装置や物資を保管して、災害に備えることもできる。このようにいろいろなオープンスペースを想定すると、その周縁の建物や空間の可能性は無限に広がるのではないでしょうか。

さて、オープンスペースにかかわる実際のプロジェクトとしては、二〇一六年春にプロポーザルで最優秀賞に選ばれた「新州都アマラヴァティの都市計画」があります。これはインドの南東部に人口五三〇〇万人のアンドラ・プラディシュ州という新しい州ができるに際し、新州都をデザインするというものです。今はまだ何もない広大なオープンスペースですが、ここに四×一キロ四方の都市が建設される予定です。どのくらいの広さかというと、縦が日本橋から浜

「新州都アマラヴァティの都市計画」2016年

松町駅、横が東銀座から有楽町駅くらいのスケールです。この面積はブラジリア、ニューデリー、ワシントンDCとも比較できますが、このようなスケールの中に新しいセンターをつくるということはかなり冒険的なことなのです。

そこで私たちが考えた案は、先述の京都の都市デザインを参考にしています。京都は三方山に囲まれ碁盤の目状に道が走っているために、視線の向こう側には建物ではなく山々がのぞめます。新州都も近くにクリシュナという聖なる河が流れ、山々に取り囲まれています。そこで新センターの外部空間がインドの雄大な自然につながり一体となる、そんな提案を行ないました。私たちはプロジェクトの規模の大小にかかわらず、つねに外部空間のあり方を探求しています。

もう少し身近なところでは「代官山インスタレーション」[＊27]は、いい例でしょう。これはヒルサイドテラスが中心になって、八回にわたって開催されたイベントです。代官山界隈のオープンスペースの魅力を掘り起こす提案をしてもらい、そこにある隠れた場所性を発見していくことが狙いでした。印象に残っている作品は二〇〇五年度の「代官山リビング」と題したプロジェクトで、代官山アドレスに隣接する全長一〇〇メートルの分離帯に、構造物のような長いテーブルを設置したものです。その結果、さまざまな人が集える代官山リビングが誕生しました。もうひとつは、二〇〇七年度の「みんなのぶらんこ」と題した提案で、西郷山公園に空からつるしたように見えるブランコのようなベンチを置いて、来た人々に一休みしてもらおうというアイデアです。二つとも建築学科の人たちの提案でした。建築家は何か空想して表現する術に長けているのだなあと思いました。

「代官山リビング」2005年

ここで言いたかったのは、都市の中には、潜在的な可能性に富んだ場所がたくさん存在するということ。これからの人たちはオープンスペースをどんどん開拓してほしいし、そういうことがとても意味のある時代が来ているということです。

## 風景に溶け込む建築

二〇〇一年、アメリカ同時多発テロによって崩壊したニューヨークのワールドトレードセンター(WTC)の跡地は、その後、ダニエル・リベスキンド[＊28]がマスタープランを計画し、全部で五棟が建設されることになりました。リベスキンドのマスタープランは、グラウンド・ゼロを囲むようにオープンスペースをつくって、その周りに高層ビルを建設するというものです。「1WTC」はSOM[＊29](スキッドモア・オーウィングズ・アンド・メリル)が、「2WTC」はノーマン・フォスター[＊30]からBIG[＊31](ビャルケ・インゲルス・グループ）が引き継ぎ、「3WTC」はリチャード・ロジャース[＊32]、そして「4WTC」は私たちが設計を担当しました。

4WTCは、できるだけ透明な、ガラスの彫刻のような建築にしようと考えました。たとえるなら、巨大なガラスの彫刻がマンハッタンの風景や大空を映し出し、刻々と姿を変えていくというイメージです。天気や大気、光がつくり出す魔法によって建物の表情は自在に変化する、あるときは形を消し、あるときに現れる。九・一一で失われた、かつてのWTCへのオマージュでもあります。

そこで、平行四辺形と定型の四角形を組み合わせたような形にして、各面は角度の違いによって光の映り方が変わるようにしました。また、グラウンド・ゼロに面した一階部分は大きなオープンスペースとして、時々ファッションショーなどのイベントが行なわれています。また平行四辺形の建物の屋上はマンハッタンをのぞむ大きなオープンテラスがあり、気持ちのいい季節になると夕焼けを眺めたり夜景を楽しんだり、ときにはパーティが開かれたり、人々の憩いの場所となっています。

この一帯には、今でも多くの人々がやってきます。なぜなら、アメリカでも最も大切なメモリアルパークだからです。ここではオープンスペースが主役であって建築は脇役であるという、私のメッセージを表現できたのではないかと思っています。

4WTCとメモリアルパークの模型

# V　建築家のこれから

## 軍隊、アトリエ事務所、そして民兵

最後はこれからの建築家のありようについて、私なりの考えを述べたいと思います。

このレクチャーシリーズのタイトルは「一九七〇年代の建築的冒険者と現代の遺伝子」であり、先ほど少し触れましたが「平和な時代の野武士達」という私がまとめた論文も参考にされています。私の世代、野武士の世代、そして現在三〇代前半の若い建築家たちの思想や活動を俯瞰することで、これからの建築について考えようという主旨だと聞いています。要は、建築家の生態というのは時代や社会によって大きく変わるのだ、ということです。

私なりに現在の建築家の生態をたとえるのならば、「軍隊」と「アトリエ事務所」という二大勢力があって、アトリエ事務所の中に「民兵」がいるという構図になるのではないか。そして、野武士世代の多くはアトリエ事務所であり、三〇代前半の建築家たちは民兵という位置づけにあるとしましょう。

軍隊というのは、日本の場合は、組織事務所、スーパーゼネコンの設計部、ハウスメーカーなどで、「顔のない軍隊」です。例えば二〇〇〇人規模の日建設計などが代表的ですが、誰が設計しているのか顔は見えてきません。けれども組織としてはとても安定していて、定常的に実績を上げています。

一方、イギリスのノーマン・フォスターの事務所が一五〇〇人、昨年亡くなったザハ・ハディド[＊33]の事務所が四五〇人、世界中にプロジェクトのあるオランダのレム・コールハースの事務所も三五〇人くらいだそうですが、このように三桁、四桁規模のスタッフのいる事務所はもはや立派な軍隊、しかし「顔のある軍隊」と言えるでしょう。これらの事務所は、かつては数人規模だったのがグローバリズムの波に乗って世界中でプロジェクトを展開し、今や立派な軍隊となったわけです。但しスタッフの出入りが激しく、日本のそれのように安定した組織とは言えないかもしれません。昨年、イギリスがEU離脱を決定し、景気の見通しが悪くなった途端、ロンドンではたくさんのスタッフがレイオフされたと聞きました。大体、世界規模で活躍している有名建築家、ヘルツォーク&ド・ムーロン[＊34]、ジャン・ヌーヴェル[＊35]も三桁の事務所だと思います。日本でも顔のある軍隊をつくろうとしていた建築家がいました。それは黒川紀章さんですが、志半ばで病死されました。

このレクチャーに参加されている方々は、たぶん軍隊に属する人は少ないのではないかと思います。今後アトリエ事務所、あるいは民兵がどうなっていくのかは、日本の将来の建築界にとって大きな問題だと思います。私は「変貌する建築家の生態」という未発表の論文の中でアトリエ事務所をこのように書いています。

アトリエでは一人のマスターを中心とした故々一桁の人数の小集団であったに違いない。

そこではマスターとそれに師事するものとの間の一対一の対話、議論から生まれるデザインであり、図面であった。(中略)そしてそこで充分に学んだものはやがて独り立ちの建築家として巣立っていく。これが典型的なアトリエ事務所の姿であり、そこから次の世代のアトリエ事務所が生まれていくという生態は今日まで続いている。(中略)優れたアトリエ事務所から次の新しい志をもった建築家が生まれていくという現象は現在まで維持されてきたといってよい。

アトリエ事務所や民兵に属する建築家にとって何よりも大切なことは、志をもった人材を育て、新しい建築を切り開く。そのためには、社会に対する発言権をもたなければならないだろうということです。残念ながら、「顔のない軍隊」、いやマスター不在の軍隊からは、技術やビジネス的な提案が盛り込まれた建物は生まれても、共感のヒューマニズムという視点に立った新しい建築を生み出していくことについてはあまり期待できないのではないか。そうすると、アトリエ事務所や民兵が今後どうなっていくかがとても重要なのだと考えます。

そこで、今私が申し上げられるのは、ここにいらっしゃる若い方々が将来に対して不安があるとすればそれは大きな問題ですが、その不安も含めてなんらかのかたちで発言し、行動していっていただきたいということです。レクチャーの前半で語ったように、新しい建築を生み出しつつある方々もたくさんいます。あるいはリノベーション、新しいローカリズムに立脚した建築など、今までとは違ったやり方で建築や空間を実現していく方法を見出してほしいと思います。

都市の内外を問わず、豊かなパブリックスペースをつくっていくということは、われわれ建築家の大切な役割です。そのために同じ方向を見ている仲間を増やしていくことも大事ですが、それ以上に権力機構に対する発言力をつけていくことが重要で、それはアトリエ事務所でも民兵でも構わない。私も大きな組織や権力構造と交渉しながら感じていることですが、彼らはアトリエの意見などなかなか聞いてくれません。このままだと都市はますます軍隊に占領されていくでしょう。さらに問題なのは、彼らが描く都市のイメージはみんな似ていて、それを大量に生産していこうとしていることです。世界中、例えばウォーターフロントに行くとどこも同じような風景です。場所の個性みたいなものが次第に失われていくというのは、今言った権力機構や経済原理と深く関係しているわけです。

このような建築の危機的な状況を回避するためにも、アトリエ事務所や民兵が力をつけていかなきゃいけない。この問題は絶えず突き当たってくるのだと思います。

## 人間中心の建築

**北山**　槇さんのお話は、まさにモダニズム建築の時間・空間を自由に飛び回っている印象をもちました。ご自身がコルビュジエと親しくお会いになったり、Team Xのミーティングに参加されたとか、モダニズム建築のメインストリームのなかにあって、都市や建築に対峙していらしたのだなあと感じました。

一方、槇さんは、モダニズム建築がフリースタンディング・オブジェに向かっていくときに、「群造形」というコンセプトを示していらっしゃいました。「群造形」とは、自立した個の集合形式ですが、私の解釈では、個と個のあいだにある外部空間は個人が私有するのではなく人々が共有する空間となり、それは都市の中で人と人をつなぐ接着剤のような装置になる可能性がある。槇さんはそうした誰もがアクセスできる、自由な外部空間をどのように置いていくかという課題を継続されてきたのだと思いました。そして「漂うモダニズム」で示された共感のヒューマニズムとは、「空間の独占」から「空間の共有」に関係するのではないかという気もします。

もうひとつは、このレクチャーの打ち合わせでお会いしたときに、「一九八九年、ベルリンの壁の崩壊後に新自由主義や資本主義の独裁が始まり、そこから建築の姿が変わってきた」と話されていました。それもたぶん、「空間の独占」と密接に関係しているのでしょうが、若い建築家、例えば、先ほど槇さんが取り上げていた二〇一六年のヴェネツィア・ビエンナーレに出展していた仲さんの「食堂付きアパート」や、西田さんたちの「ヨコハマアパートメント」に「新しい共有の空間」のかたちがあるのではないか。それらはファン・アイクが見せていた「子供の家」にも通底していて、建築が主題とする空間の構造とは、人間の問題として継続しているんですよ、とおっしゃっているのだと思います。

実は、今日お話ししたかったのは、七〇年代の野武士といわれた長谷川逸子さんたちの世代が生まれてきた背景には、一九六八年のパリの五月革命[＊36]という世界的な大きなうねりを受けて、ヨーロッパ中心主義のモダニズムが地殻変動し始めた七〇年代という時代が深くかかわっているのではないかということです。ところがそうした動きは、一九八九年のベルリンの壁崩壊以降、資本主義の独裁が加速するようになると、形を主題とする建築に回収されてしまった。そして今、再びヨーロッパ中心主義から離脱する新しい建築の方向が見え始めているという感覚があります。それを、長谷川さんたちの世代と若い世代の人たちとの対話を通して探ることが、次の時代の運動になるだろうと考えていました。

これからセッションを進めたいのですが、まずは長谷川豪[＊37]さん、感想などあればお願いします。

**長谷川豪**　長谷川と申します。僕も「漂うモダニズム」を読みましたが、今日のお話を聞いてさらに理解が深まりました。そのなかでも特に時間と空間についての話を興味深く聞きました。槇さんがおっしゃる大海原の中にたしかにみんなが投げ出されていて、何か共通の課題があるわけでも、敵がいるわけでもない。逆に言えば、大海原だからこそ何かを自由に考えることができる状況で、そのひとつに時間があるとおっしゃいました。このことは僕自身も今の時代の可能性だと思っています。例えばポストモダニズムがもてはやされていた時代とも、その後九〇年代に歴史から距離を置いていた時代とも違って、今僕たちは歴史に対して自由にアクセスし、それぞれが構想できる状況にある。歴史を一枚岩のものとして捉えるのではなく、実践を通じて歴史を耕すことができる。そういう考え方に自由を感じます。こうした時間と空間の関係について、もう少し槇さんの話をうかがえればと思いますがいかがでしょうか。

**槇**　私が「群造形」をテーマにしていたときの中心課題は、建築とは絶えず生きている「個」があって、その個があって初めて全体ができるということでした。つまり、トップダウンで巨大なメガストラクチャーをつくってしまうような、当時で言えばコルビュジエの「アルジェリア計画」、あるいは丹下健三の「東京一九六〇」のような建築に対するアンチテーゼでもあったわけです。やはり、生きている「個」をつなげていくのは空間であり、空間にはかならず個としての人間がいる。人間の意志が強化されたり、弱化されたりしてひとつの建築になる。

ですから、建築にとってはやはり人間の存在が重要であって、ポストモダニズムが短命に終わった理由は歴史的なものの引用や表層の表現に終始し、人間の存在に重きを置いていなかったからだと思います。アメリカ西海岸のポートランドという都市に、かつてフィリップ・ジョンソン［＊38］が絶賛したマイケル・グレイヴス［＊39］の市庁舎ビルがあり、ポストモダン建築の象徴として扱われていました。しかし実際に行ってみると、何と表現したらいいのか、廃墟みたいな感じで、人間が中心になった建築とはとうてい思えませんでした。

やはり人間をどう考えるかということに建築家は責任をもたなければならない。先ほど長谷川豪さんがおっしゃった自由という言葉、そこには夢という意味合いも含まれていると思うのですが、建築家は夢をもつべきだし、夢をもつことは自由ですが、その自由をどのように使っていくかということは、建築の将来にとても重要なことです。

## 建築家の発言力、発信力

**北山**　長谷川逸子さんは、ご自身の持ちビルをオープンスペース「ギャラリーＩＨＡ」として建築界に開放し、レクチャーシリーズを運営しながら文化的な場所として育てていこうという構想を実践されています。ここは、ご自身がクライアントになって建築界をサポートしていこうという活動ですね。

**長谷川逸子**　私たちの世代も含め、日本の建築家はみんなヨーロッパの哲学や思想を学んできました。私自身は日本やアジアの独自の建築をめざしたけれど、社会の変化に激しく振り回されて、若いときに思っていたことをかならずしも実現できてこなかったと感じています。そこで、私は日本の若い人たちは西洋一辺倒から脱して、もっとアジアの建築を、日本の建築を考えたほうがいいなと思うようになって、ギャラリーＩＨＡという場を若い人に開放することにしました。このシリーズレクチャーでは西欧を中心としたモダニズムをいかに超えるかということが重要なテーマですが、そのあたりのことをもう少し語り合えればいいですね。

**北山**　槇さんの「漂うモダニズム」のなかに、西洋を中心にしたモダニズムの終焉という言葉が書いてありますが、それは逆にいうと、世界の覇権を握っていたヨーロッパ文明に立脚しない評価基準やメディアをもつことの重要性を示唆されているのではないか。

二〇世紀初頭のコルビュジエは、台頭する新しい市民層のクライアントと出会って「サヴォワ邸」をつくった。新しい建築が大きな影響力を発揮できた背景には、彼が『レスプリ・ヌーヴォー』という自身の雑誌をもち、自力で情報発信ができたからという要素が大きい。こうしたメディアの確立がヨーロッパ中心のモダニズムを形成していました。だからこそ、われわれも違う評価軸や、独自のメディアをもっていくことが大事なのではないかと。

そういう意味で、モダニズム建築は基本的にフリースタンディング・オブジェを中心にした建築運動ですから、オブジェを美しく映す写真を中心にしたメディアにマッチしていたと思います。新しい建築思想は、新しいメディアや評価軸を必要としています。それは、若い世代が今挑んでいるような気がしていますし、ここのような活動も新しいメディアであると思います。

**槇**　北山さんのご指摘も大切ですが、建築を取り巻く状況は刻々と厳しくなっています。サザビーやクリティなどのオークション会社では、今や有名建築家が設計した住宅がトレーディングの対象になりつつあります。建築ですら株のように投機の対象になっているという、われわれにとってひじょうに不安を感じるところがあるわけです。

また、日本においては、例えば三・一一のあと、土木工事中心の復興事業になってしまった。こうした動きに対して、建築家の立場はとても弱い。それは一人が言ってもダメで、やはり大勢で声を上げるべきなのですが、そうした体質を今の建築界はもっていない。

このように個人としての建築家の前には実に多くの問題があるわけです。しかし若い人たちにはわれわれの世代の枠組みを超えて、もっと発言力を高めていただきたい。最近の情報技術はその後押しをしてくれるだろうし、建築家としてのある種の組織力をつけていくことが重要だと思います。

**北山**　槇さんはザハによる新国立競技場案に対して、お一人でこれは違うのではないかという発言をされました。それは、東京の歴史や風景、ひいてはそこに暮らす人々のためであり、結果はどうであれ、発言しなければならないという熱意に突き動かされたに違いありません。今日、槇さんは二〇七〇年の国立競技場のヴィジョンを見せてくださいましたが、要は建築家とは、誰もが共感できるヴィジョンをつくれるか、空間を通して共感のヒューマニズムを提示できるかどうかにかかっているのだと思います。そして、発言していくこと、どのようなメディアを使うかという発想を超えて、発言する意志をもつことが大事なのではないかなと思います。槇さん、ありがとうございました。

［編註］

＊1　丹下健三（一九一三〜二〇〇五）建築家、都市計画家。戦後日本を代表する巨匠。代表作に「広島平和記念資料館」「香川県庁舎」「国立代々木競技場第一、第二体育館」など。

＊2　ホセ・ルイ・セルト（一九〇二〜八三）スペイン出身の建築家。アメリカに移住し、ハーバード大学、イエール大学で教鞭を執る。代表作に「ハーバード大学サイエンスセンター」など。

＊3　ル・コルビュジエ（一八八七〜一九六五）スイス生まれ、フランスを拠点に活躍した建築家。二〇世紀を代表する巨匠。代表作に「サヴォワ邸」「ロンシャンの教会堂」など。上野の「国立西洋美術館」も設計。

＊4　CIAM（近代建築国際会議）一九二八〜一九五九年に十一回開催された。二〇世紀の都市デザイン、モダニズム建築に大きな影響を与えた。

＊5　Team X（チーム・テン）一九五三年のCIAMから発足した、アリソン＆ピーター・スミッソン夫妻を中心とした若手建築家によるグループ。

＊6　アリソン＆ピーター・スミッソン夫妻　アリソン（一九二八〜九三）、ピーター（一九二三〜二〇〇三）はイギリスの建築家。オピニオンリーダーとしてイギリスの建築界に大きな影響力を発揮した。

＊7　アルド・ファン・アイク（一九一八〜九九）オランダの建築家、都市計画家。オランダ構造主義建築を牽引。代表作に「子供の家」「ナーヘレの小学校」など。

＊8　ヤコブ・バケマ（一九一四〜八一）オランダの建築家、都市計画家。代表作に「デルフト工科大学講堂」など。

＊9　大高正人（一九二三〜二〇一〇）建築家。代表作に「坂出人工土地」「神奈川県立近代美術館別館」など。

＊10　菊竹清訓（一九二八〜二〇一一）建築家。代表作に「スカイハウス」「出雲大社庁の舎」「九州国立博物館」など。

＊11　黒川紀章（一九三四〜二〇〇七）建築家、政治活動家。代表作に「中銀カプセルタワービル」「国立新美術館」など。『共生の思想』（徳間書店、一九八七）、『建築の詩』（毎日新聞社、一九九三）など著作も多い。

＊12　メタボリズム運動　一九五九年、菊竹清訓、黒川紀章らが展開した建築運動。メタボリズム（新陳代謝）の名の通り、有機的に成長する建築、都市のあり方を提案。

＊13　世界デザイン会議　一九六〇年に日本で初めて開催された国際的なデザイン会議。
＊14　チャールス・ジェンクス（一九三九〜）アメリカの建築評論家、環境デザイナー。著書『ポスト・モダニズムの建築言語』（一九七七／邦訳＝竹山実訳、ユー・アンド・ユー、一九七八）は八〇年代のポストモダンブームを誘起した。
＊15　富永讓（一九四三〜）建築家。代表作に「ひらたタウンセンター」など。著書も多い。
＊16　相田武文（一九三七〜）建築家。代表作に「積み木の家」シリーズ、「芝浦工業大学齋藤記念館」など。
＊17　浅田孝（一九二一〜九〇）都市計画家、建築家。横浜市の都市基本計画、大阪万博、沖縄海洋博など、幅広く活躍。
＊18　大谷幸夫（一九二四〜二〇一三）建築家、都市計画家。代表作に「国立京都国際会館」「金沢工業大学」など。
＊19　磯崎新（一九三一〜）建築家。代表作に「つくばセンタービル」「水戸芸術館」など。著書『建築の解体』（美術出版社、一九七五）は日本の建築界に大きな影響を与えた。
＊20　仲俊治（一九七六〜）建築家。代表作に「食堂付きアパート」など。現在「小さな経済の住宅群」が進行中。
＊21　西田司（一九七六〜）建築家。代表作に「ヨコハマアパートメント」など。beyond architectureなどの活動も展開。中川エリカ（一九八三〜）建築家。二〇一四年に独立し、中川エリカ建築設計事務所を設立。
＊22　ブルーノ・タウト（一八八〇〜一九三八）ドイツの建築家。ナチスの迫害により一九三三年に来日。桂離宮を世界に紹介したことで知られる。代表作に「グラスハウス」「ブリッツのジードルング」など。
＊23　エーリック・グンナール・アスプルンド（一八八五〜一九四〇）スウェーデンの建築家。北欧近代建築の基礎をつくる。代表作に「ストックホルム市立図書館」「イェーテボリ裁判所増築」など。
＊24　レム・コールハース（一九四四〜）オランダの建築家。代表作に「中国中央電視台本部ビル」「シアトル中央図書館」など。『錯乱のニューヨーク』（一九七八／邦訳＝鈴木圭介訳、筑摩書房、一九九五）、『S,M,L,XL』（一九九五／邦訳（抄訳）＝『S,M,L,XL+』太田佳代子＋渡辺佐智江訳、筑摩書房、二〇一五）など著作も多い。
＊25　ミース・ファン・デル・ローエ（一八八六〜一九六九）ドイツ出身、アメリカで活躍した。二〇世紀を代表する建築家。代表作に「バルセロナ・パヴィリオン」「シーグラムビルディング」など。
＊26　クライン・ダイサム・アーキテクツ　マーク・ダイサム（一九六四〜）とアストリッド・クライン（一九六二〜）

による建築事務所。代表作に「代官山T-SITE」「熊本南警察署熊本駅交番」など。
＊27　代官山インスタレーション　代官山の街の再発見と文化発信を目的としたイベント（一九九三～二〇一三）。
＊28　ダニエル・リベスキンド（一九四六～）ポーランド出身、アメリカを拠点に活動する建築家。NY世界貿易センター跡地再建コンペに入賞し、マスタープランと「1WTC」を設計。代表作に「ユダヤ博物館」など。
＊29　SOM　スキッドモア・オーウィングズ・アンド・メリルの略称。一九三六年シカゴで設立。アメリカで最大規模を誇る建築設計事務所。代表作に「ジョン・ハンコック・センター」「ブルジュ・ハリーファ」など。
＊30　ノーマン・フォスター（一九三五～）イギリスの建築家。代表作に「香港上海銀行・香港本店ビル」「大英博物館グレート・コート」「ロンドン市庁舎」など。
＊31　BIG　ビャルケ・インゲルス・グループの略称。二〇〇五年にデンマークに設立された建築設計事務所。
＊32　リチャード・ロジャース（一九三三～）イギリスの建築家。代表作にレンゾ・ピアノとの協働による「ポンピドゥー・センター」のほか、「ロイズ・ビルディング」「ミレニアム・ドーム」など。
＊33　ザハ・ハディド（一九五〇～二〇一六）イラク出身、イギリスを拠点に活躍した建築家。日本では「新国立競技場案」で話題を呼ぶ。代表作に「リバーサイド美術館」「国立二十一世紀美術館」など。
＊34　ヘルツォーク＆ド・ムーロン　ジャック・ヘルツォーク（一九五〇～）とピエール・ド・ムーロン（一九五〇～）による建築ユニット。代表作に「プラダ・ブティック青山店」「北京国家体育場」など。
＊35　ジャン・ヌーヴェル（一九四五～）フランスの建築家。代表作に「アラブ世界研究所」「ケ・ブランリ美術館」など。
＊36　五月革命　一九六八年五～六月に発生したフランスの社会危機。パリの学生による反体制運動が発端となり、労働者のゼネストへと発展した。
＊37　長谷川豪（一九七七～）建築家。代表作に「森の中の住宅」「練馬のアパートメント」など。
＊38　フィリップ・ジョンソン（一九〇六～二〇〇五）アメリカの建築家。代表作に「ガラスの家」「AT＆Tビル」など。MoMAのキュレーターとして企画した「インターナショナル・スタイル」展は話題となった。
＊39　マイケル・グレイヴス（一九三四～二〇一五）アメリカの建築家。ポストモダン建築を代表する人物。

レクチャー

# 1

# 伊東豊雄×大西麻貴

## 愛される建築をめざして

伊東豊雄さんのレクチャーは、オープン間もない「台中国家歌劇院」の紹介から始まった。そして、その洞窟のような空間から七〇年代の「中野本町の家（White U）」にさかのぼり、二つが胎内の深いところでつながっているように語られた。それは、「台中国家歌劇院」という建築的冒険が「七〇年代の建築的冒険」と連続していることを示唆していた。「中野本町の家」は、論理や合理という言葉の外、またはその先にある、身体的に理解させる建築であったことが記憶にある。「遺伝子」役の大西麻貴さんが設定した「愛される建築をめざして」という言葉は的を射ていたのかもしれない。ロゴスが支配できないところにある「愛」が、次世代への希望のひとつなのではないか。

■北山恒

伊東豊雄

# 「台中国家歌劇院」を語る

## 建築家としての還暦

「台中国家歌劇院」2016年

二〇一六年九月末、「台中国家歌劇院」がついにオープンいたしました。二〇〇五年末のコンペティションでザハ・ハディドに勝ち始まったこのプロジェクトは、当初、完成予定を二〇〇九年としていました。しかし工事は遅れに遅れ、工期は結果的に一一年におよびました。これほどの大幅な遅延を考えると、実現できたのは奇跡といってもいいでしょう。自分の建築人生のなかでも二度とないであろう、膨大な時間とエネルギーを投じています。

台中は台中市の西部に位置する、横浜と同じ人口約三〇〇万人の都市です。中心部に近いものの、新興の開発地区で歴史も浅く周囲に何もありませんでしたが、この一〇年で開発が進み、今では高級マンションが建ち並びます。

グランドオープンに先駆けた二〇一四年、「台中国家歌劇院」の大ホールが一カ月だけ市民に公開されました。その頃、僕は体調を崩して数カ月間入院していました。現場から送られてくる写真には劇場にたくさんの市民が詰めかけて、喜びに沸きあがる様子が映し出されていました。病院のベッドの上でそれを一人眺めながら、なぜだか四〇年前に手がけた最初期の作品「中野本町の家（White U）」を思い出していました。スケールはまったく異なるので意外に感じるかもしれませんが、「台中国家歌劇院」と「中野本町の家」は、どこか通じるところがあるのです。原点に戻った気がしたのでしょう、「四〇年経って、僕の建築家としての一環が終わった」と感じていました。建築自体が還暦を迎えたのだから、これからは別の建築人生を歩もうと考えていました。

「中野本町の家（White U）」1976年

ところが退院した後の二〇一五年七月、二〇二〇年東京オリンピック・パラリンピック開催のための新国立競技場デザインコンペで最優秀賞だったザハの案が安倍晋三総理から突然、白紙撤回することが発表され、ゼロベースでの計画の見直しが決まりました。僕はその第一回目の新国立競技場のコンペに応募して敗れています。しかし三〇〇〇億円を超えるザハ案に反対する市民の声が高まっていったことは記憶に新しいでしょう。そこで僕は既存の国立競技場を改修することもできるのではないかと、当時の東京都知事である舛添要一さんらに提案していました。それに対する回答を得られないまま旧国立競技場は解体されました。つまりこれまでに二度、敗れたプロジェクトでありながら、白紙撤回のニュースを耳にした翌日から血が騒ぐというか、とにかくもう一回やってみたいと強く思ったのです。予算や工期が厳しく、ゼネコンと折り合いをつけるのは絶望的な状況でしたが、竹中工務店が請け負ってくれました。実際に苦労は絶えなかったけれど、模型をつくって発表するだけでもいいというくらいの思いでやったのです。結果はご存じのように三度敗れてしまいましたが、それ以降はなぜか仕事が後を絶たなくなった。忙しすぎて身がもたないほどです。

「新国立競技場デザインコンペ案」2015年

さて本日のレクチャーのタイトルは「愛される建築をめざして」です。モデレーターを務める大西麻貴さんが設定したもので、そこにどういう意図があるのかはわかりませんが、まず僕の建築家人生のなかでも重要なプロジェクトとなった「台中国家歌劇院」と「中野本町の家」を振り返りたいと思います。

## ファドの体験を台中で具現化

実は「台中国家歌劇院」は、二〇〇四年に行なわれたベルギーのコンサートホール「ゲント市文化フォーラム」のコンペティションに描いた応募案より始まっているのです。それは僕が直前に訪ねたポルトガルのコインブラでの個人的な体験から発想したプランでした。ファドを聴こうとコンサートに行ったのですが、案内されたのはホールではなく屋外の階段の踊り場で、そこに座れと言う。横にはカフェがあり、テーブルが張り出していました。観衆は思い思いに踊り場や広場に陣取って、二人の歌手が階段の途中でかわるがわる歌っています。脇では犬の散歩をする人が行き交います。夜の一〇時くらいでしたが、人の往来があるなかで歌っているので、ノイズも入るし視界も遮られてしまいます。ホールで静かに聴くのとはまったく異なる体験に驚きましたが、それでも「こういうコンサートはいいいな」と僕は感じた。

コンペティションは負けてもいいから、このような楽しいホールを提案したいという気持ちで向き合いました。古都ゲントは歴史の重層性が残る街で、敷地の周囲をぐるりと道路が囲んでいました。そこで、さまざまな方向からアプローチできる、ストリートがそのまま中に入っていくプランを考えました。建築が都市と対峙するのではなく連続することで、人々のエネルギーを建築に引き込みたいと考えたのです。立体的な街路のネットワークのなかに、メインとなるコンサートホールや広場、リハーサルスタジオ、ワークショップのための空間、楽屋などが組み込まれています。周辺には運河が流れていて、近くには古いサーカス小屋がありました。そうした要素ともつながりながら、あちこちでコンサートをやっていて、しかもすべてがひとつになっているというホールです。

これをどうやって構造化するか頭を悩ませていたある朝、当時所員だった平田晃久[＊1]君が模型を手に「これいいでしょう?」と、見せに来た。グリッドの模型に市松模様と丸が描かれており、上と下は逆さになって一コマずつずれて重なっています。伸縮自在な素材で、AとBという二つの空間を二段重ねにすると、水平にも垂直方向にも連続して絡み合いつながるチューブの連続体が二組できます。これをエイッとねじ曲げた中にコンサートホールを入れるアイデアです。三次元の曲面の連続体で、言ってみればデカルト座標に基づく空間概念を超えた、新たな建築の秩序の提案でした。

## 「血の模型」とプリミティブな作業

ところがこれはまったく相手にされませんでした。負けてもいいとは言いつつも「なんだよ」と悔しい思いをしていた矢先、今度は台中でオペラハウスのコンペティションがあるという。公園の広大な敷地の中にあるので、ゲントのように道路がそのまま敷地内に入ってくるようにはいかないけれど、この案を引き継ぎ、公園が建物と一体化しているようなものをつくりたいと思いました。

「台中国家歌劇院」スタディの「血の模型」

同じシステムを使いながら、コンペの二段階目を展開したのです。しかし模型でのスタディは容易ではありませんでした。メッシュでできた三次元曲線の構造体をカテノイド、その穴を埋める部分をプラグと名付けていましたが、曲げるのに苦労したので「血の模型」と呼んでいたほどです。もちろん本物はもっと大変でしたが、模型だけでもかなりの苦労を強いられました。

単純なグリッドからなる幾何学を変形させていくと、別の幾何学にたどり着きます。グリッドの空間に歪みを与えて有機的な三次元曲面の連続体をつくるという方法をこれまでもたびたび試みてきました。これを「エマージング・グリッド（生成するグリッド）」と呼んでいます。エマージング・グリッドで積層していき、折れているところはスムージングをかけて曲面の構造体にしていくというやり方をしています。この中に二〇〇〇席の赤い劇場と八〇〇席の青い劇場、二〇〇席のブラックボックスと呼ばれる小劇場の三つの劇場があり、練習室などは地下に設け、屋上庭園があるという構成です。突面の集合体で音の反射があるため、劇場としての音響にも優れています。

「台中国家歌劇院」大ホール

鉄筋を曲げて二次曲線のトラスをつくる「トラスウォール工法」を採用しました。曲げた二本の鉄筋を溶接して縦方向に二〇センチごとに並べてつなぎ、ジグザグに曲げた鉄筋でできる三次元曲面のピースをつくります。単純作業の繰り返しですが、場所ごとにすべて曲面は異なるので、二年半から三年近くこの作業に要しました。下から作業を始めて上方に達した頃には精度が上がり、スピードは速くなっていきました。ピースとピースをつなぎ、両側に二重の網を張って現場でその間にコンクリートを流し込むという、プリミティブな作業です。これに左官でモルタルをかけて吹き付けて仕上げました。

「台中国家歌劇院」の前庭広場

日本では考えにくいことですが、まだ工事中で足場も組んでいるのに、前面の広場は一年半前に早くもオープンしていました。夜間は多くの人が集まり、壁にプロジェクションマッピングして、ダンスやコンサートに興じます。ホールではオペラやファッションショーをはじめ、さまざまなスタイルの演劇やパフォーマンスが楽しめます。開館後はいたるところでパフォーマンスが行なわれ、連日数千人が入館しているそうです。館内の家具は藤江和子［＊2］さん、テキスタイルは安東陽子［＊3］さんが手がけています。

五階のギャラリースペースでは展覧会「伊東豊雄的劇場夢」を開催しました。床がでこぼこ波打っているスペースに三〇個の大きなクッションが点在し、その上で寝転がりながら幾何学が投影された映像を見るという展示です。歪んでいく幾何学がさらに歪んだ床や壁、天井に映されることにより二重に歪む現象が起きています。お客様であふれた館内は騒然としていますが、ここは一度に四〇～五〇人のみ入り静かに寝転がれるよう入場制限しているので、まさにオアシスのような空間になっています。

最後に、八〇〇席の劇場を紹介しましょう。ここではオランダ在住のピアニスト、向井山朋子さんの演出による、ファッションを切り裂いていくダンスパフォーマンスが行なわれました。そこで使用するチューブを僕らがサポートしています。これも安東陽子さんに手伝ってもらい、構造体の一部を縮小した布を用いました。コンセプトは、男と女、観客とダンサーといった境界をなくすこと。観客が観客を見ていて、さらにその中にダンサーがいるという二重構造になっており、さまざまな境界をなくす試みから、ファッションというものの意味をくみ取ろうとしています。

## 境界というテーマで行き着く「中野本町の家」

境界という言葉が出ましたが、この言葉で思い出すのは「中野本町の家（White U）」です。建築家として出発したばかりの頃の一九七六年に竣工した、ＲＣ造平屋の住宅です。姉の家族が住んでいましたが、一九九六年に取り壊され、解体の経緯が一冊の本（『中野本町の家』後藤文子、住まいの図書館出版局、一九九八）になっています。中庭を中心としたＵ字形の二枚の分厚いコンクリートで覆われ、外側に向かって開口部をほとんどもちません。閉鎖的でありながら、内部はリビングやスカイライトの開口からの自然光が差し込み、さながら白い洞窟のようだったので「White U」と名付けました。

多木浩二が撮影した「中野本町の家（White U）」

この頃の僕は内部空間をいかに美しくデザインするかに没頭していました。その結果、内側にも外側にも開口部がなく、一周五〇メートルをぐるぐる周回する光のチューブをつくったのです。洞窟のような空間に潜在的に憧れているところがあり、無意識にそういう空間をつくってしまうのです。

コンクリート打ち放しの壁が露出している、多木浩二[＊4]さんが撮ってくれた写真がとても象徴的でした。あっという間に壁はツタに覆われてしまったのですが、外部が隠蔽されていったことに少し救われた気持ちになったのを覚えています。

中庭があり、そこに内部と外部を分ける境界があるわけですが「外の世界とまったく別の世界が内部に広がっている」と、多くの人に言われました。空間の連続性を保ちながら、外の世界と別の世界が広がっている、場所の違いを生み出すことを考えていました。そして僕自身、ここから自分の建築における「内」「外」という境界をどう考えていったらいいのかという試行錯誤を始め、今日までずっと続けているのだと思います。つまり、内と外の境界線をどう壊すか。壁で空間を区切るのではなく、むしろ壁を壊すことを建築家としてめざしてきました。

「中野本町の家（White U）」の室内

「今治市岩田健母と子のミュージアム」2011年

「台中国家歌劇院」も母胎の内部のような洞窟状の空間で、外壁がねじれてそのまま内壁となり、内壁も外壁に連続している、内と外の境界を壊した建築でもあるのです。「中野本町の家」は、内と外の境界を考えさせてくれた僕の原点であり、多木さんの写真はそれを象徴的に捉えた写真でした。そういえば「台中国家歌劇院」の現場にいるときにも、白くなり始めた内部を歩きながら、「中野本町の家」のことばかり絶えず思い出していました。どちらも光や音が遠くから伝わるように感じさせる空間なのです。僕にとっては「中野本町の家」がスタートで、四〇年経って一回戻ったと感じたのは、共通するものを感じたからなのでしょう。実際、「中野本町の家」は光の洞窟、「台中国家歌劇院」はサウンドケーブ（音の洞窟）と呼ばれています。先頃九二歳で亡くなられた彫刻家・岩田健さんの愛知県のミュージアム「今治市岩田健母と子のミュージアム」でも、同じような体験をしています。円環状をした建物で、四四体のブロンズ像を半屋外の展示スペースで観賞するのですが、ここに入ってくると音や風景が突然、変わったように感じるのです。私にとって身体的な空間が洞窟で、母胎の外へと脱出しようとするさまざまな試みを重ねてきたのだと思います。

大西麻貴

# 愛される建築とは

## 建築は愛されるのか

「台中国家歌劇院」はみんなに愛され、伊東さんの想像を超えて人々がたくましく場所を使いこなしているのに感銘を受けました。まさに贈り物を受け取ったという状況が生まれているのを見た気がします。伊東さんは、私が建築をめざしたいと思うきっかけとなった方であり、先生と仰ぐ建築家でもあります。ですから、今回はたんに先輩の建築家に質問すること以上の素晴らしい機会をいただいたと感じています。

最初に、「愛される建築」という表題の意味を説明したいと思います。私が建築に向き合うようになったのは、中学生のときにバルセロナでアントニ・ガウディの「サグラダ・ファミリア」を見たことにさかのぼります。ガウディがこの世を去ったあとも建築家の思いが引き継がれ、建設は今も続いています。まさに建築が生まれようとしている工事現場の横を、すでに観光客が訪れている状況を目の当たりにして、建築が建てられながら街の歴史の一部になっていくことに、強く感動を覚えたのです。

ところが実際に建築を学び始めると疑問が生じました。それは「建築というのは、はたして愛されているのか」。特に公共建築においては、建築家の言葉が難解なこともあり、街の人は建築に興味を抱いているとは言いがたい状況です。新国立競技場のやりとりひとつとっても、新しい建築ができることをみんなが嬉しいと思っているわけではありません。実際に自分が建築をつくるときに「サグラダ・ファミリア」の感動を思い出しては、どうすればみんなが建築が生まれることを待ち望む状況が生まれるのだろう、みんなが待ち望む建築のあり方を考えた先にどんな建築があるのだろう、と考えるようになりました。

伊東さんの建築を見学に行くと、担当者は「このとき、伊東さんはこう言ったけれど、俺の意見が通ったんだ」とか「実はここに不具合があったけれど、こう直して使っている」など、近しい視点で空間内部を見せたり、語ったりしてくれます。彼らがその建築を、自分のものとしてすごく愛しているのを感じます。伊東さんの建築は、ファドの例のように、個人的な思いから出発してつくっているにもかかわらず、みんながそれに向かっていくという状況を生み出しているように感じます。おそらくそれは、伊東さんの言葉がもつ力ではないかと思います。個人から発した言葉が徐々にみんなのものになっていき、最終的にみんなでひとつの大きな夢を見ている状況をつくり出すことができる。それこそが建築家であると伊東さんは身をもって教えてくださったと考えます。

## 小豆島で模索する愛される建築

こうした視点に深くかかわっている私たち大西麻貴＋百田有希［＊5］／o＋hのプロジェクトを紹介します。二〇一三年、小豆島で瀬戸内国際芸術祭があった折に、「観光から関係へ」というテーマでクリエーター・イン・レジデンスが行なわれました。一六年ぶりに神戸を結ぶ定期航路が復活した坂手港エリアと、お醬油の産地である醬の郷エリアという二つのエリアを軸に、住民、行政、アーティスト、来島者が一丸となって、何度でも訪れたい島をつくろうというプロジェクトです。

ディレクターは椿昇［＊6］さん。デザイナーの原田祐馬さん（UMA / design farm）や編集の多田智美さんなど、私たちとほぼ同世代のデザイナーや編集者がテーマを掲げてクリエイターを呼んできて、町の人たちと一緒に一一日間でいろいろなものをつくるという試みです。私は中学三年生の女の子と一緒に、町の未来を考えるワークショップを実

小豆島のワークショップ「坂手の未来を考える」ためのマップ 2013年

施しました。

ともかく一一日間で成果を出さなければならないので、まずはいろいろな人に会いに行き、話を聞いたり、町を歩いたり、町の人とごはんを食べたりしました。海がとても綺麗で、海辺で夕日を眺めたり、ゆったり流れる時間をともに経験するうちに、町の人たちとの関係が次第にできていったのです。

やがて町の人から「この人たち、建築をやっているらしい」「じゃあ町のこと、一緒に考えてみるか」と受けとめてもらえるようになり、これをきっかけに坂手という町の全体像を一緒に考えるようになりました。関係ができていくなかでプロジェクトもできていくという流れです。ワークショップ後も関係は続いていて、今も島に通って、地元の方とお酒を飲んだり、町の会議でこれからの町の暮らしのことや、港のことなどを話し合ったりしています。

小豆島の肥土山農村歌舞伎

「二重螺旋の家」2011年

小豆島に通っていると、まさにこれからの建築を考えるうえでヒントになりそうな、感動的な状況に出会うことがたくさんあります。そのうちのひとつが農村歌舞伎の風景です。毎年五月に開催される肥土山農村歌舞伎では、美しい新緑の山を背景に、なだらかな芝生の斜面に町の人たちが座って観劇します。子どもが走ったり、お弁当を食べたり、とてもおおらかな風景です。小豆島の醤油蔵では、菌を移動させて隣に新しい建築を増築するということを一〇〇年ごとに繰り返しています。池田の桟敷は棚田の技術でつくった野天桟敷です。人が誰もいないとき石積みが海に向かって並ぶ静かな場所ですが、お祭りのときはみながここに集まって仮設の桟敷を建て、太鼓を担ぐ様子をみなで見るという祝祭的な場所となります。

さらに、普段私たちが東京で機能や性能から考える建築とはまったく違う、祈りや風景、時間、人と人とのつながりといったものから空間が生まれているのを感じます。それこそがずっと人々に愛される建築といえるかもしれません。では、どうやったら現代、こういう建築ができるのでしょうか。

二〇一一年、「二重螺旋の家」を発表した年に、私は横浜国立大学大学院／建築都市スクールY－GSA［＊7］の設計助手となり、北山恒先生や小嶋一浩［＊8］先生をはじめ多くの建築家と一緒に考えるということを経験しました。またその年には東日本大震災があり、復興をサポートするために東北に通うようになり、二〇一三年に宮城県に「東松島 こどものみんなの家」をつくりましたが、こうした経験により、個人で建築を考えるよりも人と話し、町に出て考えていきたいと思うようになりました。

「東松島 こどものみんなの家」2013年

私たちは、町の経験と連続的につながる建築をつくれないかと考えています。日本橋に構えた事務所は、八百屋のようにシャッターを開けたらすぐ外につながり、町の人や音、匂いがそのまま入って来るところをおもしろく感じています。そんなふうに、敷地の外にある町まで一緒に設計してしまうような、建築の中にいても町のことが感じられるような建築に魅力を感じています。敷地が与えられて予算があるという従来の枠組みそのものをすぐさま大きく変えることは難しいでしょう。でも建築を考えるときのアプローチの仕方を変えていけば、今つくるべき建築というものがおのずと現れてくるのではないでしょうか。私たちは、たとえひとつ建築をつくる場合でも、その周りにある町や、人々、暮らしに今まで以上に巻き込まれる状況にあると思います。それらは建築設計そのものにどのくらい直接影響があるかはわからないけれど、今ここでしかつくることのできない建築、土地の暮らしや時間とつながった建築に向かっていると感じています。既存の制度や前提条件を疑い、そのなかでプロジェクトをどのように組み立てていくか。経済だけにしばられない、多様な生き方の価値をどのように空間として提示していけるか。それが、私たちの世代ができる新しい建築の展開なのではないかと思っています。

これをふまえ、伊東さんへの質問を始めたいと思います。

# I　大西麻貴から伊東豊雄へ、六つの質問を中心に

## サグラダ・ファミリアを超えられるか

**大西**　最初の質問です。例えば「サグラダ・ファミリア」を超える建築を今の時代にもつくることはできるでしょうか。それはどうやったらできるのでしょうか。実は大学二年生のときに同じ質問を投げかけたことがあるのですが、そのとき伊東さんは「できる」と答えて下さいました。

**伊東**　はい、僕が超えるという意味ではないけれども、「サグラダ・ファミリア」を超えることはできると思いたいですね。それは個人の問題ではなく、それを生み出している社会の問題だと思っています。

個人的な体験で言うと、「台中国家歌劇院」でも一一年のあいだに幾度となく絶望的な瞬間がありました。日本だったらとっくに白紙撤回されていたと思います。僕らは一一年間毎日のように、役所やゼネコンとやり合い、裁判になることを考えて書類をすべて保管するほどの危機的な状況でした。七年という大幅な遅延です。それにもかかわらず、棟上げではみんなで抱き合って喜び、グランドオープンを迎えたら涙を流して喜びを分かち合いました。

「バロック・インターナショナルミュージアム・プエブラ」2016年

そういう社会が台湾にまだあるということが、うらやましい。

メキシコも同様です。「バロック・インターナショナルミュージアム・プエブラ」の最終段階で確認に行ったときは、現場に千人くらいの人がいて驚きました。職人だけでなく、その子どもやお母ちゃんまで一緒にいるんです。そういうことは日本の現場ではありえません。すごく人間くさい。そういう社会が僕は好きです。台湾やメキシコは、建築の精度においては日本のようにはつくれないかもしれないけれども、そんな人間的な社会があれば、時間をかけて建築を仕上げていくということはありうるのではないかと思います。

**大西**　時間をかけて人間くさい人が、人間くさく建築をつくっていく。それが空間に現れるということなのでしょうか。

**伊東**　そうですね。日本のようにあまりにも管理が行き届いた社会では難しいでしょう。もう少しすべてにおうような社会でないと。できないものはできないんだから(笑)。結局、日程や予算に合わせるようにするということは、お金の範囲もここまでですよ、施工の難しさもこれなら対応できるでしょうと、自主規制していくこととなる。そこまでの建築しかできなくなります。

## 個人の思いの先にあるもの

**大西**　次の質問です。個人の思いから建築を出発することと、みんなで建築を考えることはつながっているでしょうか。

**伊東**　それはつながっていないと、どうしようもないでしょう。僕も大西さんも、今日ここにいらっしゃる建築家の方たちもそうでしょうが、やはり個人の名前で建築をつくりたいと思っているわけですよね。築地市場の豊洲移転問題のように「誰が決めた」と絶対に口にしないような組織でつくるのではなく、僕らは「自分がこれをつくりたいんだ」という、そこから始まっています。でもそれが独りよがりになるのか、みんながそれを喜んでくれるのか。それは一番難しいところなんです。そこのところは僕も、いつも心配で心配でしょうがない。

コンペティションは近代主義的な方法ではあるけれど、あまりいいとは思っていません。この人に任せたいという人を決めて、「一緒にやりましょう」というほうがいい。そしてそういう時代になってきているように思います。

**大西**　どう一緒につくっていくか、どう一緒に夢を見るかで、たとえ同じ形のものでもできあがりはまったく異なるものになるでしょうか。

**伊東**　そのあいだに、近代主義のオリジナリティやクリエイティビティが詰まっていて、そこをどう受けとめるかに問題があるのでしょう。「道端でコンサートをやっているような建築は、楽しくていいじゃない」と僕が思っても、世の中一〇〇人のうち八〇人は「そんなところでオペラを観るのは嫌だ」と言うでしょう。じゃあ、どうするのか。実際には「台中国家歌劇院」の大劇場はかなり形式に沿った劇場として閉じているし、プレイハウスはある程度実験的なことができましたが、それでも限界はあります。そうすると、ある既存の枠のなかに沿うことでしか建築はできなくなってしまいます。でも今日見ていただいたように、それだけが劇場なのではなく、いろいろな所で何だってできるのです。そうは言いながらも、なかなかこの問題は難しいですね。

**大西** できあがった建築空間は、できる前に私たちが言葉で発し共有した以上の力をもって、思いがけないことがそこで起こることがあります。

**伊東** 良いほうに思いがけないだけでなく、悪いほうにも十分ありうるでしょう。社会や何かを変えたいという気持ちと、そう言いつつも「お前だけが思っているんじゃないのか」という自問はつねに必要で、その見極めはひじょうに難しいと思っています。

**大西** でも例えば、専制君主がつくったお城やカテドラル、ローマの劇場であっても、実際に体験すると市民も美しいと感じます。あるいは小豆島の劇場は、村の人みんなが自ら欲しいと思ってつくりあげた空間です。みんなが共感し愛する建築が生まれるプロセスは、多種多様だと思うのです。

**伊東** それもすごく難しいことで、「台中国家歌劇院」は何度も絶望を感じたけれど当時の市長の胡志強さんがほぼ一人で守ってくれました。「この建築はこの台中に絶対に必要なんだ」と言い続けてくれたのです。オープン翌日に彼を訪ねたら、「自分はあのとき、ゼネコンを自分で回って頭を下げて歩いた。最後に地元のゼネコンが渋々重い腰を上げてくれた」と教えてくれました。僕らも本当に泣けてくるようなことばかりで、その市長がいたからできあがったんですね。

「せんだいメディアテーク」[＊9]のときは仙台市長（当時）の奥山恵美子さんがいましたし、「バロック・インターナショナルミュージアム・プエブラ」では織田信長みたいな州知事ラファエル・モレノ・バジェさんがいて、一年でつくれと言って、つくっちゃったんです。そういう顔を見せる個人がいることによって建築はできていく。一方、個人の責任を回避する奇妙な平等主義を標榜する今の日本は、ものすごく建築をつくりにくい社会になっていると思います。

「せんだいメディアテーク」2001年

## 作品であるとはどういうことか

**大西**　三つ目の質問です。「いい建築」であることと、「作品であること」は違うことですか。これは、もう少し前の伊東さんに聞きたかった質問かもしれません。

**伊東**　東日本大震災を受けて始まった「みんなの家」[＊10]プロジェクトを手がけているとき

に、「これは作品じゃないな」と僕はつぶやいていたんです。ちょうどうちのスタッフからも、「台中国家歌劇院」みたいなプロジェクトをやる一方で、大工さんがつくるような家を提示していていいのでしょうかと問われていました。でも次第に、自分のなかで両者は「そんなに違わないいな」と感じ始めた。居心地がいいものをどうやってつくれるかを考えているならば、それが作品であろうがなかろうが、結局、いい建築なのだと思うようになっていたのです。

**大西**　作品であるというのは、どちらかというと独りよがりになることでしょうか。

**伊東**　それは二〇世紀的な考えでしょう。二〇世紀は個人のオリジナリティが尊重された時代で、だから作品という概念が明確になり、しかもオリジナリティが社会を革新していくことと重なっていました。批判や評価の対象にもなりました。そういう意味ではなく、僕は作品という言葉を今でも使います。

**大西**　槇文彦さんは前回の講演で「権力に対して建築家に発言権がない」と指摘されましたが、具体的なことに一つひとつ向き合うことで社会は変えられるでしょうか。

**伊東**　昨年、『「建築」で日本を変える』（集英社新書）という大層なタイトルの本を出しました。そこに書いたのは、本当に小さなことしか僕にはできない、でも今の日本にはそれに向き合っていくことが大事である、ということです。大西さんら若い世代の建築家が僕らと変わってきていると思うのは、この点なんです。僕らは批評によって社会を変えようとしていました。

たしかに勢いはいいけれど、言えば言うほど空しくなるようなことを僕も長らくやってきたのです。でも今の若い人たちは、大西さんが言われた「優しい建築」や「愛される建築」みたいな、人間の思いやりをテーマにした建築をつくっている印象があります。劇的に社会を変えるわけではないけれども、今の日本の社会ではそういうやり方しかありえないと思っています。

**大西**　私たちの世代は、本当に小さなリノベーションをやったり、建築家とも名乗らずに町に入っていって活動したりしています。その状況にときに希望を感じ、また絶望を感じたりもしています。でもルターの宗教改革も、初めは小さな運動から始まったのかもしれません。今の状況はもしかしたら何十年後かの建築家が変わっていくこととつながっているのかもしれません。そう思って活動することが大切だと考えています。一方で、伊東さんたちの背中をしっかり追うように、社会への怒りも活動に結びつけなければいけないと肝に銘じています。

## 建築は怒りと喜びの源

**大西**　次の質問をします。生きるということと建築をつくるということは、どのように関係していますか。

**伊東**　僕を元気にしてくれているのは、酒を飲むことと建築をつくること、なんですね。建築をつくっていなかったら、怒りの気持ちも喜びの気持ちもなかったと思いますから、生きることそのものが自分にとっては建築をつくることになっています。僕も後期高齢者になって、槇さんの年齢までは頑張れないと思うけれど、もう一〇年くらいは頑張りたいよね。まあ、楽しんでいます。

**大西**　現在は愛媛県今治市で「大三島《おおみしま》を日本でいちばん住みたい島にする」プロジェクト［＊11］を進めておられます。建築事務所のなかで考えるだけではなくて、より人々の暮らしのなかで建築を考えておられる気がします。伊東さん自身がどう生きたか、それを見続けることが、師に学ぶことなのかなと思っています。同時に伊東さんは、空間をつくるさまざまなアイデアの種を提案されています。台中ではエマージング・グリッドでしたが、現在進行中の水戸市民会館（仮称）［＊12］では木の櫓といった、どちらかというとみんなが心のなかにもっているイメージそのままのアイデアを出しています。これは大三島でやっていることにもつながっているように見受けられます。

**伊東**　そうですね、例えば坂本一成さんはいつでもぶれない人です。僕に対しても「中野本町の家」をつくったときは「こんなの……」みたいに笑っていたし、台中に来てもきっと笑うでしょう。それに対して僕はぶれまくりで、「みんなの家」では「お前、何をやってんだ」と自問自答して、大三島では建築から離れてワインのための畑なんかをつくっています。そうやってぶれながら修正して、次にその両方が生きてくるようなことを繰り返しているんですね。時に後戻りしながら、建築とは何だろうと考えている気がします。こんなことを言うと人はいい加減だと思うかもしれない。でも、いろいろなことをやることが僕にとってはおもしろいことで、同じことを続けるのは退屈でしょうがないんです。

## 時間に耐える建築とは

**大西**　次に、建築と時間はどのように関係しているかを尋ねたいと思います。

**伊東**　人生と同じですね。いつも最初に建築とは何かを考えていますが、それがそのままできてしまったら、こんな退屈なことはないでしょう。さまざまな人と出会い、そこで折れ曲がって、自分が想像もしていなかったような建築に行き着くところこそ、僕にとってはクリエイティブであり発見的なのです。長い時間をかけて曲がりくねっていく道のようなものです。自分の生き方そのものでもありますね。

**大西**　これまで度々「丹下健三さんや菊竹清訓さんの建築は、今見ても素晴らしいと感じる」と発言されています。それは時間が移り変わっていくことと、どう関係しているのでしょうか。

**伊東**　その解になっているかはわかりませんが、日本の社会や資本主義社会の変動とかかわっているのではないでしょうか。丹下さんの香川県庁舎は、今見ても「本当にすごいなぁ」と感じます。かなり表現的ではあるけれども、とてもさわやかですね。それは、時代がそうだったという気がしています。何か新しいものを求める、みんなの希求する精神がああいう表現として形になったのではないでしょうか。今は、なかなかそうなれないよね。過剰なものが僕らの周りにくっつきすぎてしまっています。

**大西** それに関連する、最後の質問です。以前、「近代の衰弱とオプティミズム 建築の『健康さ』と『気持ちよさ』をめぐって」(『風の変様体』青土社、一九九九)という文章の中で、菊竹さんのスカイハウス[＊13]のような「健康」な建築、つまり建築家が期待と自信をもってつくりあげる清々しい建築を、批評性が介在する現代において実現するのは難しいとおっしゃっていました。建築家が社会に対する理想を実現化していく健康さと、批評性はどう関連するのでしょうか。批評をくぐり抜けながら、清々しい建築を形にしていくことは、私たちにはもはやできないのでしょうか。

**伊東** それは結論から言うと両立すると思うようになりました。僕が建築家として歩み始めた一九七〇年代は、篠原一男[＊14]さんと磯崎新さんがリーダーで、社会に対する批評や批判、つまり自分は社会の外側にいて社会の内側にはいないという前提で社会を批評するわけですが、僕らはそれが素晴らしいと思い、六角さんも長谷川さんもみんな建築をスタートしたわけです。篠原さんは、どんなに小さくても都市に背を向けたユートピアをここにつくると言い、そういう言葉にすごく惹かれて建築を始めたわけで、その思いはいまだにどこかで引きずっています。でもあるときから、建築家も社会のなかの存在であるべきだし、社会のなかでそれこそみんなに愛され喜ばれる建築をつくらなければ意味がないと思うようになった。どうやったら批評精神を捨てて建築をつくることができるだろうか、それを八〇年代から考え始めました。
でも公共建築に参入できるようになった途端、そのつくられ方のつまらなさというか、利用者からかけ離れた建築の存在を突きつけられ、またその方法でないと実現していかない「おかしさ」みたいなものも感じるようになりました。ただ怒るだけでなく、クリアしていくためにはどうするかを少しずつ開拓していく、そういう時代になったわけです。
「せんだいメディアテーク」は批判を覚悟していたのに、オープン当初より「いいじゃん」みたいな感じで、あっけないくらいにみんなが使ってくれているのを見て、こんなものなのか、と拍子抜けしたのです。そこからまた批評的にものをつくるということと、愛されるとか居心地がいいこととはけっして矛盾するものではない、と思い始めました。今はかなりそれを信じています。
**大西**　なるほど。私は「批評から生まれる建築」か「愛から生まれる建築」なのかと思っていたのですが、両立するのですね。
**伊東**　その愛というのはやはり批評精神なくしてはありえないと思いますよ。
**大西**　私からの質問は以上となります。ありがとうございました。では会場のみなさんからのご意見やご質問をいただきながら、さらに「愛される建築」について考えていきたいと思います。

# II　伊東豊雄の身体性とは

## 建築の思考の仕方

**南後由和**［＊15］　「中野本町の家」のお話で多木浩二さんの写真が取り上げられていたのが印象的でした。多木さんの写真は、「中野本町の家」を原点として、その後伊東さんが抱え続けることになる、内と外を分けない、境界を捉えなおすという問題意識を見事に切り取っていたからです。

　これは、個とみんなを分けないことにも通じると考えます。二〇世紀、建築家は作家としての個を大義としてきました。一方で東日本大震災以降、「みんな」や「つながり」ということが強調されるようになりました。でも伊東さんの場合は、両方やられているわけです。『あの日からの建築』(集英社、二〇一二)では、みんなだけではいけない、みんなを経由しても個を個によって乗り越えていくということが重要で、そのことをこれからの建築家は考えるべきだとおっしゃっています。

　大三島のプロジェクトは、都市と地方を行き来しながら、「内としての地方」と「外としての都市」を分けずに循環的に位置づけなおしていくものと捉えることができます。このように、今日の内と外の境界をどう壊すかというお話は、多方面に展開できると思いました。

伊東さんは、篠原さんや磯崎さんの世代と違い、外から社会を批判するのではなく、まずは内に入っていくという姿勢をとられる。八〇年代終わりに「消費の海に浸らずして新しい建築はない」(『新建築』一九八九年一一月号)という論考を著し、消費社会をたんに否定するのではなく、その海を泳ぎ切った先にしか建築の未来がないと論じられました。東日本大震災以降でも、実際に被災地で活動しながら身体性を駆使しながら建築をつくってこられました。そういう意味では丹下さんの建築があの時代だからこそできたと同じように、伊東さんの建築も今の時代だからこそ成立しえたものだと言えます。建築を時代精神や集合的記憶のメディアであると捉えれば、時代を超えて愛されていく建築とは何かのヒントが見えてくると思います。また「台中国家歌劇院」で『中野本町の家』のことばかり絶えず思い出していました」とおっしゃっていたように、最新作に原点がオーバーラップして回帰してくるという今日のお話は、「White U」のUの形を示しているようで興味深かったです。

そこでひとつ質問です。伊東さんの建築の思想の根底には、伊東さんの身体性が一貫してあるように感じます。一方、『「建築」で日本を変える』では、これからは思想を変えていくことが重要と述べられています。先ほど坂本さんと違い、変わっていく点をご自身の特徴としてあげられました。変わるものと変わらないものがあるということだと思いますが、こと思想の重要性についてはどのようにお考えでしょうか。

**伊東**　僕は菊竹さんのもとで四年間学びましたが、「建築は頭で考えるものじゃない」「お前はこれを身体全体でいいと思っているのか」、という問いをつねに突きつけられていたという印象が残っています。菊竹さん自身がまさしくそういう人でした。僕も肝に銘じ、自分の身体が自分の考えていることを好きだと思っているだろうかと反芻し、スタッフにもこれをよく言っています。

頭で考えたことは三日で変わるけれど、身体で考えたことは一〇年は変わらないものです。「中野本町の家」みたいな建築をつくったら、もうちょっと外に飛び出してみようと頭では思うけれど、また勝手に戻っているんですね。結局、僕のなかにある体内感覚みたいなものは、拭っても、拭っても、拭い去れずにまた戻ってきて、ついに「台中国家歌劇院」みたいな壮大な胎内をやってしまった。これで建築家として終えてもいいやと思ったのもそういうことでしょう。

思考の仕方も、そういう風にしか考えられないのです。女性は感覚的・身体的にものを考え、男性は論理的・抽象的に考えると言われますが、僕はそういう抽象的なことを言いたいと思うんだけれども、どうもだめなんです。そうしかやりようがないというのが正直なところ。

一方、コツコツやっていればなんか変わってくるんじゃないのという思いもあります。日本は変わらなきゃだめ、このままじゃ没落すると僕は考えているんです。東京に高層ビルがバンバン建ったその先に、何があるのだろうか。そんなことで絶対に人は幸せになれない。どこかで思想が根本的に変わらない限り、日本に明るい未来はないと危機感を抱いています。

今のように経済活動を主眼にしてもどうやっても儲からないことを日本人が悟った先に違う幸せがあることに気づく。そのときに、コツコツやっていることが実を結び、花を開かせると信じています。

## 合理性を超えていく建築

**南後**　「みんなの家」と「台中国家歌劇院」では、建築家として一見まったく異なることをしていて、スタッフの方からもそう指摘されたのに、伊東さんは「そんなに違わないな」と、サラリとおっしゃる。

　思想の歴史は、抽象的空間の存在を発見することによって発展してきました。一方、建築は、幾何学をどう新しく発見して組み替えるかの歴史だったのではないかと考えます。「台中国家歌劇院」では、エマージング・グリッドから連なる、二〇世紀型のグリッドにはない新しい幾何学を提案されています。それは、現代の思想と建築がつながっていく、抽象化のひとつのあり方を示しています。

　そのような新たな抽象性が共感を得る場合があります。「台中国家歌劇院」を訪れた人々は、インテリアに身を委ねながら身体全体で空間を経験し、共感し、自分たちで居場所を見つけ、それぞれに出来事を発生させていたのが印象的でした。これに対し「みんなの家」は、大西さんが指摘したように、みんなの心のなかにある、抽象度が高くない具象的なものを提示することによって、共感を、愛されることをめざすものでした。新しい抽象により共感を得ることとすでにある具象を提示することは、どのような関係にあるのでしょうか。

**伊東**　エマージング・グリッドは、一人の建築家として幾何学の操作をやっていますが、それがものに置き換わっていく過程で、そういうことを超えた、建築家の思考を超えるようなものを感じていました。工事に一〇年以上を要したなかで、役所とやりあったり、今日もあいつと喧嘩したりといった具体的な積み重ねが建築を何か別のものに仕立てていくのです。そういう闘争のなかで建築が自分で力をつけていくようなところがあり、それが人々に伝わっているのではないかと思っています。

エマージング・グリッドは近代主義的なものではなく、さほど合理的にできてない、力づくなんです。最初は合理性を尊ぶような精神に基づいていたはずなのに、それがある意味では野暮臭いところへ行った。それが逆に愛されることにつながっているかもしれません。建築が建築というフィルターを通さずに、人々のなかに入り込んでいくのを感じています。

すべて思惑通りには進まないし、「これは絶対、人々に愛される建築だよ」と言ったところでそうなるものでもない。そこが建築の不思議であり、怖くも魅力でもありますね。

**南後**　「台中国家歌劇院」は時代の冒険として、新しい抽象や幾何学を提示しました。「サグラダ・ファミリア」や「香川県庁舎」のように、その時代の冒険がそこにあることが時代の当事者がいなくなっても建築が愛され続けることにつながり、時代を超越したものとして共有されていくのではないでしょうか。

## 地方と都市の対立概念からの変化

**南後**　伊東さんの公共建築は、一九九一年の「八代市立博物館・未来の森ミュージアム」が最初ですね。その頃は「地方の時代」とされ、特に八〇年代は当時熊本県知事だった細川護熙さんは「地方反乱の時代」と呼びました。各都道府県に建築家が設計した美術館や博物館が多数つくられました。それに対して、現代の大三島での取り組みは、都市と地方の関係という点で、八〇年代における地方の建築のあり方と比べて何がどう変化したのでしょうか。公共性の問題を含めて、伊東さんの印象をうかがいたいと思います。

「八代市立博物館・未来の森ミュージアム」1991年

**伊東**　そうですね、都市と地方という概念はなくなりつつあるかもしれません。いや、なくならないとつまらない。「都市」対「地方」という構図でものを考えると、地方は少子高齢化で先行きはなく、大都市だけが生き残っていく単純な回答に行き着きます。それこそ本当にどうしようもない日本になっていってしまいます。しかしアンケートによると、都市に住んでいる二〇代のなんと四割が機会があれば地方に住みたいと考えているそうです。都市と地方の差は、仕事があるかないかという経済力の差にすぎません。そこを超

「八代市立博物館・未来の森ミュージアム」
1階カフェ

えたところで、理想の社会やライフスタイルが叶う可能性は十分ありうると思っているのです。

磯崎さんは僕のことを「みんなの建築家」と批判を込めて呼びます。もし誰かが「みんなの建築」と言ったら僕も「何を言ってんだ」と思ったことでしょう。「やだよね、この言葉」って思った。それだけ時代も変わっているし、社会も変わっているのです。

東日本大震災後、地域のおじいちゃんやおばあちゃんにどうやって喜んでもらえるかを考えたときに、気仙沼で「メディアテーク」だなんて言ったところで誰も寄ってきてくれないでしょう。一番わかりやすいのは「みんなの家」だろうと、名付けたのです。たしかに最初は、自分が普段やっている建築と「みんなの家」にギャップを感じました。けれども、だんだんそのギャップがなくなってきたのは、「みんなの家」で自分が確認したことが、次の岐阜市の公共施設「みんなの森 ぎふメディアコスモス」[＊16]につながるなど、なんらかの影響をもっているから。すでに「みんなの家」の体験なしに、次のステップはないと思えるようになっています。

大西さんや百田有希さんの世代では、尖った時代を経ていないから「みんなの」という言葉にはじめから抵抗がないのでしょう。僕も「みんなの」という言葉である種のシンボル性みたいなことを象徴することにギャップがなくなってきたと感じています。

## 建築は自身の身体性にたどり着く

**長谷川逸子**　私は同世代の建築家として、伊東さんはいつでも社会の変化に敏感で、私たちの世代の中で一番、そういうことに反応して体を動かす人だと思ってきました。その才能や身体性が伊東さんの建築を社会の変化に対応させている。そういう敏感な自分について、伊東さんはどんな感想をもっているのか、聞いておこうと思います。

**伊東**　坂本さんとの比較で言うと、坂本さんの建築は建築のある枠組みに立脚しています。日本の住宅史において曲がった線なんてないわけで、そういうものを使ったら建築じゃないとどこかで彼は思っているのです。とはいえ慣習的になったり、美しくないものは耐えられない。部屋と部屋の関係が上手くいかないのも耐えられない。そういうところから、ひじょうに厳密にものごとの関係を考えながら、建築とは何かを問い続けています。

それに対して僕は、例えば森の中にいたら気持ちいいよね、森の中みたいな場所を建築にもってきても成り立つだろうか、というようなことを考え続けてきました。消費社会について論文を書きましたが、僕自身あの時代は毎日のように酒を飲み歩き、酔っ払って新宿の街を歩く気楽さや現実感のなさを建築にできないかと本気で考えていたんです。こういうことでも建築はありうるのではないか、というような問いかけをしてきた。それが建築として成立するかどうかはわかりませんが。

**長谷川**　伊東さんという感度の高い人だからできたのでしょう。

**伊東**　比較したらおこがましいけれど、ル・コルビュジエの建築を訪ねると、どんな空間であっても一度たりとも居たくないと思ったことがありません。あれだけ戦闘的に建築をつくってきたにもかかわらず、本当に小さな空間でもつねに居心地がいいんです。彼は天才だからでしょう。では僕のような人間は、みんなに問いかけ問いかけしながら進むしかない。もうちょっとこうしたらいいんじゃないの、という問いかけを少しずつ変えたりしながら、そういうところへたどり着きたいと思っています。

**長谷川**　初めてコルビュジエの建築を訪ねた六五年頃、サヴォワ邸は廃墟でした。次に訪れたときは、改修されてモダニズムのオブジェのようになって見学者であふれていました。新しい建築づくりはつねに生活者に受け入れられ、引き継がれていくのは容易ではないと思いました。時代の変化に敏感に対応してきた伊東さんの姿勢はどこからくるのでしょうか。

**伊東**　それは自分の身体性のところにたどり着くから。コルビュジエをいいと思うのは、コルビュジエの身体を感じるからで、どんなに理屈でつくっていても、そこに身体が表れない建築は何の魅力もないと思います。長谷川さんの建築だって、すごくいいじゃないですか。僕はずっと前からうらやましいと思っていましたよ。

**北山恒**　先日、台湾に足を運び「台中国家歌劇院」のこけら落としを見てきたばかりです。それ以前に現場も竣工式も見ていたのに、このような建築になるとは皆目見当がつきませんでした。そこで目にしたのは、いろいろな場面でいろいろなパフォーマンスがあり、人々が集まり楽しんでいる幸せな風景でした。「みんな」という概念と、共感する空間ができているると感じました。形そのものよりも、実は、情景や状況が新しいプロジェクトなのではないでしょうか。ひょっとすると、形を超えてくる建築になりうるのではないかと予感していいます。それが「中野本町の家」とつながっているというのがなんとも興味深いですね。

「中野本町の家」はニューヨークのP3会議[＊17]で、合理的ではないとして矢面に立たされた建築でした。けれども実はそこに新しい価値の萌芽をもっていたのです。そんなある種の合理性を失っていく建築のなかに、大西さんは「愛される建築」を見出したのではないかと僕は感じています。

**大西**　大切なのは「愛される建築」を目的にすることではありません。伊東さんの建築は、人と空間がつながり、かつそこに身体性を感じさせるからこそ、これほどまでに人々から愛されるのだということが見えてきたように思います。本日はありがとうございました。

［編註］

＊1　平田晃久（一九七一～）建築家。伊東豊雄建築設計事務所に八年在籍し独立。代表作に「枡屋本店」「alp」など。

＊2　藤江和子（一九四七～）家具デザイナー。建築家とのコラボレーションで知られ、代表作に槇の「慶應義塾図書館新館」、伊東の「多摩美術大学図書館」など。

＊3　安東陽子（一九六八～）テキスタイルコーディネーター、デザイナー。「NUNO」を経て独立。伊東をはじめ隈研吾や山本理顕、青木淳らの建築にテキスタイルを提供。

＊4　多木浩二（一九二八〜二〇一一）思想家、評論家。さまざまな領域を横断した言論活動で、建築家やデザイナーにも多大な影響を与えた。著書に『シジフォスの笑い――アンセルム・キーファーの芸術』（岩波書店、一九九七）など。

＊5　百田有希（一九八二〜）建築家。京都大学大学院修了後、大西麻貴とo＋hを共同主宰。

＊6　椿昇（一九五三〜）現代美術家。代表作に「インセクト・ワールド――飛蝗」など。社会のあり方を問う作品を提示する一方、美術教師としても活動。

＊7　Y-GSA　二〇一一年より横浜国立大学大学院の建築都市デザインコースに設けられたプログラムで、建築家育成のために演習を中心としたスタジオ教育を実施している。

＊8　小嶋一浩（一九五八〜二〇一六）建築家。建築家集団「シーラカンス」を共同設立（東京の「CAt」、名古屋の「CAn」に改組）。学校建築に定評がある。代表作に「千葉市立美浜打瀬小学校」「宇土市立宇土小学校」「大阪国際平和センター」など。

＊9　せんだいメディアテーク　二〇〇一年に竣工した仙台市の複合文化施設。伊東豊雄の代表作のひとつ。一三本のシャフトと七枚のスラブのみの単純な構造で世界的にも注目された。

＊10　みんなの家　東日本大震災後に伊東豊雄が中心となり始まった、仮設住宅で暮らす人々が集まる場をつくる建築プロジェクト。各地で展開し運営はNPO法人「HOME-FOR-ALL」が担う。

＊11　大三島を日本でいちばん住みたい島にするプロジェクト　伊東建築塾を中心に二〇一二年から始まった、瀬戸内海の大三島（愛媛県）を舞台にした島おこしプロジェクト。

＊12　水戸市民会館（仮称）　旧市民会館に代わり、水戸芸術館前に移転・建て替えとなる。公募により伊東豊雄建築設計事務所案が選出。完成・開館は二〇二一年の予定。

＊13　スカイハウス　文京区大塚にある菊竹清訓設計の自邸。一九五八年竣工。四本の壁柱で全体を支える構造で、菊竹の提唱するメタボリズムを体現した作品と評される。

＊14　篠原一男（一九二五〜二〇〇六）建築家。住宅を中心とし、代表作に「白の家」など。東京工業大学のプロフ

エッサーアーキテクト。その影響力から磯崎新と並び称される。

＊15　南後由和（一九七九〜）社会学者。社会学を軸としたアプローチで建築や都市論を展開。編著に『建築の際』（平凡社、二〇一五）、『文化人とは何か？』（東京書籍、二〇一〇）など。

＊16　みんなの森　ぎふメディアコスモス　岐阜市立中央図書館を中核とした複合施設。二〇一五年開館。木造格子屋根の明るい空間で注目され、市のランドマークとなっている。

＊17　P3会議　一九八二年フィリップ・ジョンソンの呼びかけで開催されたアメリカの国際会議。世界の名だたる建築家が結集し、日本からは磯崎新が伊東と安藤忠雄を連れて参加した。

レクチャー

# 2

## 六角鬼丈×宮崎晃吉

日本〝建築〟辺境論

六角鬼丈さんは、ポスト近代主義を感じながら、それとはまったく異なる独自の方法で、「西欧の近代」を乗り越える建築を組み立てようと企てていたこと、例えば、クライアントとの対話から思いがけない空間的発見にたどり着いたことが紹介された。それは換言すれば、当時六角さんの建築が日本の社会に登場した新しい市民層の大らかな創造力を他律的に空間化したものであり、結果として建築家の自我が屹立してつくる西欧建築とは異なるものであったということだろう。

「辺境論」というタイトルは宮崎晃吉さんが付けたようだが、その宮崎さんも既存の建築を乗り越える企てをしている。それは七〇年代に萌芽し、現在ようやく認知されるようになった大きな主題なのではないか。

■北山恒

レクチャー
六角鬼丈

# 住宅から都市への広がり

## レクチャーの意図

**宮崎**　最初に、今回のレクチャーのタイトル「日本〝建築〟辺境論」の説明をさせていただきたいと思います。

七〇年代当時の野武士と言われた世代の建築家たちは、おそらく自分たちは中央から遠く離れた地帯、辺境にいることを自覚していたのではないかと考えます。つまり、欧米の建築と日本の現代建築は、中央と辺境という関係にあった。

内田樹さんの『日本辺境論』（新潮社、二〇〇九）［＊1］を読んだときに、同じような感覚を覚えました。そもそも日本という国は辺境にあります。あまりに遠くて辺境であるがゆえに、何も知らない振りができるという利点をもっていて、日本はそのことを武器にし、狡猾に利用していたのではないかと思うのです。

六角さんは代々、漆芸作家の家系に生まれましたが、跡を継がず、建築という領域に入っていかれた。ある意味、六角さんにとって建築界は辺境であったのではないかと思います。出身大学である東京藝術大学も、日本のアカデミズム界のなかでは辺境と言えるかもしれません。ですから、六角さんは辺境、あるいはアウトサイダー的な要素を多重にもっている方なのではないかと僕は思っています。

## 最初に手がけた建築

**六角**　今日は私が七〇年代に手がけた住宅と、八〇年代以降に建築から街へ広がっていった話を通して、本連続レクチャーのテーマである建築的冒険者たち以降の建築を考える機会になればと思っています。

今から二千年くらい前に大陸からいろいろな文化が流れ込んできたときに、われわれの祖先はひどく驚いたと思うんですね。日本はそのときにまだ弥生時代でしたから。流れ込んできた文化というのは、形をもった物のほかに、人が「知」なるもの、教育を伝えました。日本は最も文化の遅れたアジアの突き当たりにあり、そこで輸入された芸術文化も独自の手法で熟成して培養し、そこから日本らしさというものが形成されていったのだと思います。

辺境というのは、私にとっては「変狂」という字のほうが合っているのではないかと思っている、というところから話を始めたいと思います。

建築家をめざして活動を始めた七〇年代、私は磯崎新さんという存在をひじょうに重く感じていました。最も影響を受けた建築家で、最大の師匠ですけれども、目の上のたんこぶと言いましょうか、敵のような存在でもありました。この人を超えるために何かしなければいけない。そこで自分で自分に突き付けたのが「新鬼流八道（ジキルハイド）」というハチャメチャな八カ条です。

## 新鬼流八道

一、万物万象とのかかわりはすべて極度な歪曲感、偏見視をもって接するをよしとする

二、万物万象はすべて、誇大妄想、迷走夢想、飛躍的連想のうえ、掌握するをよしとする

三、老若男女奇人変人もしくは並はずれた対象はすべて施主とみなし、かってにその

住空間を創造するをよしとする

四、盗癖を身につけ、珍品珍説を珍蔵し、かってに意味づけて、かってに転用するをよしとする

五、万物万象に向かい心身を開放し、五感を研ぎ澄まして、第六感の生ずるをよしとする

六、偏愛による徹底、無理矢理、押しつけのサービス精神をもとに、対象の破壊、強姦、虐待をもってよしとする

七、万物万象、恐怖におののき、霊理を解しつつ、尚、あらゆる手段を講じて神腕にくだらぬをよしとする

八、万物万象すべからく観念し、尚、酔生無死の道をあゆまず、白けきらざるをもってよしとする

すべて磯崎さんを超えていくための、自分自身を突き詰めていくための姿勢のようなもので、自分がこれまでやってきたこと、これから身を転ずべき方法を意識的に定義付けてみることにしたのです。当時の私の創造的方法論そのものといっていいでしょう。

七〇年代、長谷川逸子さんや伊東豊雄さん、山本理顕［＊2］さん、毛綱毅曠［＊3］さん、

石山修武［＊4］さんなど、私も含めて同世代の建築家の卵たちはみな住宅を手がけていました。当時、『都市住宅』（鹿島出版会）［＊5］という建築雑誌があって、編集長だった植田実さんがわれわれのデビュー作や初期の作品を載せてくれました。

私が最初に手がけた建築は、木造のローコスト住宅の自邸「クレバスの家」です。磯崎アトリエに入って三年目の一九六八年に、父親の家の設計におぶさるようなかたちで自邸をつくる機会を得ました。隣家との境界のあいだの狭い場所で、細長い扇形の形状をしています。

この家の構想はあるとき突然、一夜にしてひらめきました。中央をクレバス状に彫り込んだ家です。最初のうちは六角形のチューブ形など力んでしまい、いろいろなことを考えて、なかなか素直になれませんでした。試行錯誤の末、敷地の形状を見直し、最終的に中央に末広がりの階段を置いて、両サイドの空間を斜向させました。すると、思いがけず、魅惑的な空間が生まれました。自分にとって最初の建築を手がけたなかで、最も大きな出来事はこのパースペクティブな効果をつくる空間を見出したことでした。上からのぞき込むと、空間の距離の長さがわからなくなって遠近感を見失い、下から見上げると狭間から日の光が突き刺さってくる不思議な世界観が広がります。空間のつくり方で距離感覚を変えられるということに、ゾクゾクと体が震えるような感動を覚えまし

「クレバスの家」1967年

た。大学で学んだり、自分の頭のなかで考えていたりしていたときには、まったく気づかなかったことでした。

スケッチやメモには、あとから発見したことを記録して描き足しています。月の光はどの方角から入ってくるかとか、早朝から日が沈むまでどのように太陽の光がうつろい、家の中を照らし、影をつくっていくのかというストーリー、距離感を失うなど、すべて最初からわかっていたわけではなくて、設計しながら発見していったことです。

## 七〇年代に手がけた住宅

「八卦ハウス」1970年

「八卦ハウス」は、大阪万博が開催された年の一九七〇年に完成した住宅です。その前年、磯崎アトリエを退所し、独立したての頃でほとんど仕事がなく、施主は身内ばかり。われわれの世代は「親戚建築家」と言われていました。これは叔父叔母の家でした。

私は当時、住宅をつくるときに最初に部屋数や間取り、機能ではなく、何かユニークな空間を見つける喜びのようなものを探していました。叔父叔母は設計者より家相を信じていたので、設計の条件は「とにかく八卦見の言うことを聞いてほしい」ということでした。設計プランはまず八卦見に見せるのですが、すぐに却下されてしまう。これ以上は無理だと半ばあきらめかけていたとき、方位盤そのものを選んで設計プランにすれば、最高の家ができるのではないかと思いつきました。八方位（十二支）の方位角をベースグリッドに置き換えて、平面計画の中心にはめ込み、周囲に各室を家相の吉相条件に合わせて配置したプランを考えました。それを八卦見に見せると、当然のことながら「こんないい家は見たことがない！」と絶賛され、ついにOKが出ました。

一般的な施主からの住宅の設計条件というのは、部屋数や間取りに関してだと思います。それ以上の条件が出た場合には、たいがい、建築家というのは自分のやりたいこと、例えば、光と影、シークエンスなどをめざしてつくるわけです。けれども、こういう家相の方位盤をそのままプランに置き換えて活用することもありえるのだということに気づいたのは、大きな発見でした。ところが、円形（八方位）の方位盤を正方形で取り囲む入れ子で構成しようとしたので、寸法が収まりきれなくなり、左右の横からぎゅっと押しつぶしたような形になりました。つまり、この断面形状は偶然の産物です。そういう予期しない条件や力が加わることによって、自分のなかでそれを受けとめて取り入れ

「樹根混住器」1980年

ることで新しい形が生まれていきます。設計プロセスによる変化と構築は、建築家にとって設計するうえで重要なことだと思います。

「樹根混住器」という住宅の施主は、家具デザイナーの塚田修さんとご両親です。設計条件は、「とにかく木にちなんだ家をつくってくれれば、何でもいい」ということでした。そこで思いついたのが、根っこが付いたままの木が三本貫入した家です。さっそく、そのスケッチを送りました。何か文句を言ってくるだろうと構えていたんですけれど、まったく逆で、ものすごく喜んでいるという手紙が届きました。その後、巨木の写真とともに手紙が送られてきて、一〇メートルほどの長さの三本の赤松の木を根っこごと引き抜いて来て、家の敷地に運び込んだということでした。さらに、ご両親と修さんのお子さんと奥様のご家族だけで木の皮むき作業まで行なったというのですから驚きました。これは私には予想外のことだったのですが、それまでは別々の家に住まわれていましたが、皮むき作業をしたことで共同意識が生まれ、この家に親子一緒に暮らすことで共有感が生まれたと喜んでくれました。

三本のうちの二本はファサードに樹根を突出させ、梁として屋台骨を支えるものとしました。残りの一本は斜めに寄りかけているだけで、構造的には何の役にも立っていません。塚田さん親子にとっては木に抱きつける親木となって、この木々によって家族が

「空間周住器」1983年

仲良くなることができて、この木々が暮らしのなかにあることが幸せという感じでした。

「空間周住器」は、親子の二世帯住宅です。ここも狭小地なので、中央に共用の円庭を確保し、あとは敷地内に目一杯、建物を建てています。二戸建ての住宅は南北にほぼ等分に分けて、親夫婦の一階が居間で二階が寝室、息子夫婦の一階が寝室で二階が居間として、部屋を上下反転させて上下対角に配して目線をずらす工夫を凝らしました。

建物のシンボリックなものとして、両世帯の建物をつなぐ黄色い円環（リング）を取り付けました。大地は青い芝が生えそろった円庭、見上げればリング越しに青い空が丸く切り取られます。天地をつなぐ無限の宇宙観も込めて発想したのですが、このリングはあっという間に物干しになってしまい、いつも洗濯物がかけられています。私はあまりお付き合いがなかったんですけれど、多木浩二さんが見学に来てくれたときに、「この家にはイリュージョンがある」と言ってくれました。たぶん左右同じに見えて、機能が上下反転している見えない組手を見てくれたのだと思います。

## 自分のための自邸プロジェクト

七〇年代初頭、『建築文化』（一九七一年六月号）で磯崎さんが私たち若手建築家のことを「解体の世代」と書いた頃、私も含めた七、八人を集めて、磯崎さんがコーディネーターを務めて数回にわたって懇談会を行ないました。石井和紘［＊6］さんや黒沢隆［＊7］さん、添田浩［＊8］さん、黒川雅之［＊9］さんなどもいて、各々プロジェクトを発表しました。私が発表したのは、自邸プロジェクトで、「伝家の宝塔」と名付けました。しばらくして続けて二回目のときに「心相器」、三回目に「肉体訓練の道具と場」と連続したプロジェクトとして展開しました。

この三つのプロジェクトは、人のためのものではなく、自分自身のためにつくったものです。最初の伝家の宝塔というのは、親子三代、約百年間にわたる数々の出来事や痕跡を、時間的関係を超越して集大成して溜めておく記録装置です。

昔の日本の住宅には、仏壇や神棚、大黒柱といった家の中心的な存在の物がありましたが、核家族化が進むにつれて、そういったものが失われつつあります。自分というのは何ゆえに存在し、ルーツはどこにあるのか。それを記録として収納する家具をつくろ

「花輪邸」1984年

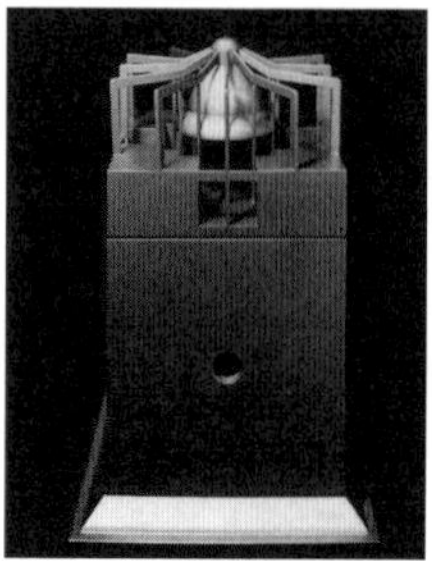

「八卦之鑑具」1970年

うと考えました。その中は過去現在未来といった、その家族にまつわる伝説、業績、哲学、道徳、才能、育成、友好、冒険という八つのテーマに分類されていて、いろいろな物を保管できるスペースがあります。わが家の場合は、家紋をはじめ、代々にわたる仏教思想の記録、祖父の漆芸の研究や修理した厳島神社や中尊寺金色堂の記録、祖母による刺繍の数種、父の漆芸作品、ペットの猫や小鳥、へその緒のことについて書いた記録などが入っています。

七〇年代当時はペーパープロジェクトでしたが、八〇年代に入ってからは住宅を設計させてもらうときは、施主にかならずその家の伝家の宝塔をつくらせてくださいと強くお願いしました。八卦ハウスでは、八卦の方位盤を中心に置き、家を形象化した模型のような物入れで、八卦の鑑定書などを納める小さい箱物(「八卦之鑑具」)をつくり、ほかに「空間周住器」や「花輪邸」[*10]では徐々に大型化して、家の中心に設置されていきます。それで家族のさまざまな記録が入り、仏壇も取り込んでいます。形もそれぞれの家の形を模型化して、家の中に入れ子状にして「記憶の家」をつくり込んでいきました。

二番目の心相器は、住居には精神修行場が足りないという思いから考えた、球形、円錐形、輪形の三つの空間のある家です。各空間の中で精神統一や脱欲、ゆとりの回復を自然に行なえればよいと考えたもの。三番目の肉体訓練の道具と場は、名前の通り、家で肉体訓練ができる家です。出入り口を低くつくり、腰の屈曲運動を促したり、平均台のような通路を設けて、自分の平衡感覚を確かめるといった運動を家の中で日常的に行なうことで、自らの体力や体調を日々、確認したり整えたりすることを目的とした家です。今まで考えられてきた住居の機能ではなく、これらが家の本質的な目的、用途であると位置づけたのです。

## 都市を考える

八〇年代以降は、家という小さな単位のものではなく、もっと広く都市について考えるようになりました。けれども、私にとって都市というのは実にややこしくて面倒なもので、その単語を聞くだけで頭痛がしてきます。

都市について考えようと思ったのは、建築物を単体だけで考えると、柱や壁をどのよ

「五響の森 まんだら遊苑」1995年

うに組み立て、どんな形や空間に組み込んでいくかという、組み立てゲームのような感覚に陥り、妙に作家思考になる自分がいたからです。そこで磯崎アトリエで最後に担当した、七〇年の大阪万博のときに磯崎さんが計画した「お祭り広場」［＊11］が大きな刺激になりました。その広場で磯崎さんが「見えない都市」［＊12］と論じたことに、現象学的な時空間の世界観を感じました。

そして、私は都市を考えるうえで細菌か雑菌かわからないのですが、次から次へと繁殖していく菌のようなものをあちこちにちりばめていくことで点から線へ、面へと広げていき、それを街づくりにつなげていくことができないかと考えました。それはアートボックスのような装置だったり、考え方につながっていきました。その菌のようなものは繁殖力が強く持続可能で、簡単にはへたらないものでなければなりません。それをつくり出すには、自分自身にも強固な意志が必要で、そのためにも年をとっても、病に蝕まれても、変狂的な精神力をもち続けなければいけないと考えています。

八〇年代以降、私はそんな街づくりに取り組んでいきました。富山県立山博物館の附属施設の「五響の森 まんだら遊苑」は、立山に伝わる立山曼荼羅や立山信仰の世界をもとに、敷地内は地界・陽の道・天界・闇の道の四つのエリアで構成されていて、地界の地獄から立山山頂の天界までの道を擬似体験することができます。天界のエリアには、四・五立方メートルのコンクリート製のアートボックス（展示室）が七つあり、さまざまな現代作家が天界をイメージした作品を展示しています。最後は天界から現世に、自分の足音を聞きながら闇の道を通って回帰する物語が仕組まれています。

「感覚ミュージアム」2000年

その後、天界エリアのアートボックスを発展させた構想を考えました。ボックスを案内人も兼ねた小さなミュージアムと見立て、富山駅から立山登山に向かう地鉄沿いに点在させることで、街全体がミュージアムになるというものです。これはまだ実現できていませんが、後々台東区を中心に、東京藝術大学の「上野タウンアートミュージアム」構想として展開していきました。

二〇〇〇年に宮城県大崎市岩出山町に完成した「感覚ミュージアム」は、名前の通り、視覚や聴覚、嗅覚などの「感覚」、人の五感をテーマにした体験型のミュージアムです。ここは、参考になるような前例がなく、プログラムやメニューも手本がありません。建築家は、いわゆる箱物だけをつくればいいとされていますけれど、この場合は全体をどういう内容にするか、展示作品をつくるアーティストは誰を選ぶか、工事費用などをどうするか、土台づくりからすべてかかわることになりました。

最初は街全体を俯瞰できる大きな模型づくりから始めました。中国を起源とする「瀟《しょう》湘《しょう》八景《はっけい》」という言葉がありますよね。昔は日本にもたくさん自然の美しい風景があって詩にも詠まれましたが、都市化の経済優先という旗が振られ、開発によって自然文化が次々と潰されてしまった。そこで、私は街をいくつかのエリアに分けて、各地区の特性を出して新しい八景をつくることを提案しました。そのひとつが感覚ミュージアムを核とした高齢者福祉施設と景観設計でした。プロジェクトを進めるにあたって、映画づくりのような手法を用いることを思いつきました。私が監督となって企画を考え脚本を書き、アーティストを出演者にして、街のみなさんに観客になって楽しんでいただく。ここは観光客というよりも、地元の人たちのための施設にしたいと考え、五感をテーマに「身体と感覚」「精神と感性」と大きく二つのブロックで構成しました。

また、館内に「引き出しミュージアム」をつくりました。A四サイズの引き出しが展示スペースになっている常設展のミニミュージアムで、約千個あります。二年に一度、一般公募を行なって、入賞するとそのスペースを使うことができます。何を展示しても

「板倉アートプロジェクト」

「引き出しミュージアム」2000年

よく、誰でも鑑賞することができます。誕生から十六年が経ちましたが、年間五万人もの人が訪れています。

まんだら遊苑のアートボックスのような発想で、今後、感覚ミュージアムを発展、拡張させていくための「板倉アートプロジェクト」を思案中です。岩出山町には米蔵として使われていた、地域の文化や特色を色濃く残した「板倉」が街中に百五十戸ほど点在しています。今はもう使っていないそうなので、これをお借りしてアーティストによる五感を刺激する作品を展示し、感覚ミュージアムの関連施設にすることを構想しています。感覚ミュージアムから板倉アートが繁殖し、数の増加に合わせてルートも更新していければと考えています。ほかにもなんらかのきっかけから、いろいろな所にいろいろな種を蒔いていって、それが点・線・面と広がることで街がミュージアム化していけばいいなあと。私にとって建築の設計業という認識は、自分の専門の一部となってしまい、地区計画を超えて建築の企画、脚本、アートを総合的にプロデュースすることが楽しくなってきています。

レクチャー

宮崎晃吉

# 形だけではない建築

## 形をつくらないということ

卒業制作「領域の戯れコミュニケーション」2006年

**宮崎**　僕がこれまで感じ考えてやってきたことと、六角さんが以前、手がけられてきたことに符合するところが多かったことが驚きでもあり、新たな発見でもありました。六角イズムを継承しているつもりはまったくなかったですし、つくるものも違うと思っていますが、自分でも気づかないうちに、六角さんからいろいろな影響を受けていたことをあらためて実感しています。

東京藝術大学の卒業制作では、僕は建築を何もつくりませんでした。それは壁や天井がなく、床しかありません。人と地面だけでどういう場所ができるか、それによってどのような関係性が生まれるのかということをテーマにしました。壁や天井を消したいわけではなく、物理的なこと以外にも建築的な働きをする要素があるのではないかと考え、それを取り出して検証したかったのです。

また、この作品には、ヨハン・ホイジンガ［＊13］が著書『ホモ・ルーデンス』で書いた遊びの論理を取り入れています。ホイジンガによれば、「Play（遊び）」というのは人間の文化活動のなかで最も原始的な要素のひとつで、遊びの本質には、法律、詩、知識、戦争、芸術といったあらゆることが含まれているといいます。そこで、僕はその「Play（遊び）」の要素に「Space（空間）」を融合することを試みました。床を四色に塗り分け、四つの領域をつくりました。青い床の上にいる人、赤い床の上にいる人は、それぞれ自分がいる色の上しか歩くことができません。物理的な障壁はないけれど、人の感情と空間に制限を与えるとどのような行動をとるかということをシミュレーションした作品です。

その後、大学院に進み、二〇〇七年に六角研究室に入って最初の年に、「MACHI-YATAI・Project」［＊14］を行ないました。藝大のある谷中の近くに曹洞宗寺院の望湖山玉林寺があ

「MACHI-YATAI・Project」2007年

って、その脇に細長い私道があります。テーマは、お寺の脇の私道ということで「精神的な浄化」。仏教哲学の六波羅蜜に基づいて、業を経て悟りへ近づくためのプロセスの隠喩として、新しい環境的なインスタレーションをつくり出すという試みでした。

そこで僕ら学生たちは、谷中の街から参道までを「この世」、中間の場に「浄化の場」、路地奥の空地を「あの世」と想定し、その一本道をのれんでいくつかに仕切り、各々を展示室のような空間につくって連続性をもたせました。この世である境内からのれんを潜る行為を通じて、まるで一枚ずつ服を脱ぐように「欲」を捨て、精神を浄化しながらあの世である空地まで導いていきます。中間地点には、浄化のための足湯を用意しました。

こういうプロジェクトは実現に至るまでのプロセスやノウハウが重要で、そのことを六角さんから学ばせていただきました。これがきっかけで谷中という地域に興味をもつようになり、このときに知り合った谷中のキーパーソンの方々とは今も親交があり、新しい取り組みへと発展しています。

大学院を卒業後は磯崎アトリエに入所しました。当時、僕が担当させていただいていたのは、主に海外の大規模な建設プロジェクトでした。けれども、規模が大きすぎて「誰のために建築物をつくっているのか」と考えてしまうこともたびたびありました。

その後、東日本大震災が起こった二〇一一年に、僕は磯崎アトリエを退社し、フリーランスで活動を始めました。

## 街をつなぐプロジェクト

「萩荘」は、僕が大学時代に住んでいた、藝大の近くにある一九五五年竣工の古い木造の賃貸アパートでした。二〇一一年に東日本大震災が起こったことをきっかけに、耐震性の問題を懸念して解体するという話になりました。入居者全員でオーナーの住職さんに申し出て、企画して開催したのが「ハギエンナーレ二〇一二」というアートイベントです。数年前、近くの銭湯が廃業して取り壊されるということがあり、それがずっと心に引っかかっていました。いわば、それは建物の「突然死」。とてもショッキングな出来事だったので、建物をきちんと弔ってあげるセレモニーをしたいと考えたのです。住人や萩荘にかかわる人が参加して、建物すべてを使ってアート作品を展示したところ、約一五〇〇人もの人が訪れてくれました。

「ハギエンナーレ2012」2012年

その様子を見ていたオーナーの住職さんが、この建物にもまだできることがあるのではないかという可能性を感じて、壊すのはもったいないと思われたのです。

そこで僕から街の人々が日常で気軽に利用できる小さな文化的な施設をつくるという、建物のリノベーション計画を提案しました。当初、僕は設計だけに携わる予定でしたが、この場所の魅力を知らない人に運営を任せていいのだろうかと疑問に感じ始め、萩荘を借り上げて自分たちの事務所も入居して運営もしようと決めました。そして、二〇一三年三月に「HAGISO（ハギソウ）」が誕生しました。現在は展覧会やワークショップなど、ここからいろいろなアクティビティが生まれています。

「HAGISO」2013年

このHAGISOが次第に谷中の拠点的な場所に育ってきたので、ほかにも何かできないかと考えていました。そこで思いついたのが、街全体を丸ごとホテルに見立て、既存のコンテンツを使ってサービスを行なう仕組みです。ホテルの大浴場は銭湯、ホテルのレストランは街の飲食店、土産物は商店街で買い、お稽古教室で文化体験を楽しみ、移動手段としての自転車を自転車屋さんでレンタルできるようにする。

イタリアの地方都市には、宿泊施設とレストランが分離した「Albergo Diffuso（アルベルゴ・ディフーゾ）」というシステムがあります。「点在して広がる宿」という意味で、過疎化した農村の空き家やレストランを宿泊施設にすることで空き家問題の解決にもつながり、村を活性化する一助になっています。このシステムを東京の谷中の街でもやってみようと考えました。宿泊施設には、またHAGISOのような木造のアパートを探してリノベーションし、「hanare（ハナレ）」と名付けて二〇一五年にオープンしました。

今では街の中で知り合いも増えてきて、「うちも設計してほしい」と声をかけてくださる方もいます。現在はこの谷中で住宅のプロジェクトをひとつ行なっているのと、築百年ほどの空き家をリノベーションした複合施設「Hatsunean（ハツネアン）」を設計中で、HAGISOと連携させた経営を行なっていきたいと考えています。

「hanare」2015年

## スペース・イニシアチブを取る

ここまでが僕の活動の紹介です。あまり建築物を設計していないと思われるかもしれませんが、僕らの世代の建築家は、建築を設計したい思いはもちろんありますが、チャンスがない。ただ待っていても仕事がくるというのは、ごく一部の限られた人たちで、今後ますますそれが顕著になっていくだろうと思います。

六角さんたちの世代も、若い頃は仕事がなかったとおっしゃっていましたが、当時の経済は右肩上がりで、人口も増えていた時代でしたから、おそらく未来のビジョンは描けていたはずです。そういう状況のなかで「仕事がない」と言うのと、現在の社会状況のなかで「仕事がない」と言うのとでは違うと思います。といって、悲観して建築をやめるのではつまらない。自分なりに建築をやり続ける方法を考えていかなければなりません。作物を収穫するように、まずは邪魔な石をどかし、開墾して土地を耕すところから始めていく。そうやって作物が収穫できる豊かな土壌をつくらないと、設計すらできない状況のなかにいるのかなと思います。

けれども、「設計できない」と言い切ってしまうのは、語弊があるかもしれません。こだわらなければ何でもできます。しかし、その畑でいずれ枯れてしまうことがわかっている作物を育て搾取し続けるのは違うのではないかと思い、土地を耕すところからコツコツと始めているところなのです。それには、そこをどういう場にしてどういう人を喜ばせたいか、どういう人の共感を得たいかという具体的な対象者を考えることが重要だと考えています。例えば、市民のためにつくると言ってしまうと、対象者が曖昧で、何のためにつくるのか内容も漠然としてしまう。

僕らの世代は、コンテクストをいかに建築に取り込むかという教育を受けてきました。建築というのは、その場所のもつ歴史や物語、その場だからこそ成り立つものでなければならないと。けれども、見回してみると、コンテクストを短絡的に表層的にすくい取った建築が多いような気がするのです。自分がこの場にいるからこそできること、この土地の人間ではなかったとしても、居続けることで異物としての自分の存在も含めて、その土地を耕す段階からコンテクストについて考え取り組む。それによって、自分自身にしかできないことが生み出せるような気がしています。それが今、僕が谷中で実験していることです。僕だけでなく、多様なプレイヤーが参戦して、その場でしかつくれないものや体験できない空間がたくさん生まれていくことが理想とするところです。

槇文彦さんは、民兵である個人の設計事務所が大規模な建築を建てる可能性について話されていましたが、今後、そういうことが起こるかもしれませんが、大きな規模や大きな建物を手がけることに対する憧れのようなものは、僕はもっていません。磯崎アトリエにいたときに、そういうプロジェクトにたくさん携わらせていただきましたが、「大きさ」が社会につねにクリティカルなことと相応しているかというと、疑問に思うところです。僕は社会にインパクトを与える建築をつくりたい。それは建物の大きさに関係なく、小規模のものでも十分にできると信じています。針を刺していくように、局所的にクリティカルなインパクトを起こしていくことは、個人単位でもできますし、むしろ個人で活動するからには、それをやり続けなければいけないと思っています。

これまでの建築家は、細分化されたプロジェクトの一部だけを請け負っているのが現状でした。得意分野だけを担い、あとのことはほかの人がやってくれるという、ひとつのコマのような存在。本来はすべて把握して統合できる建築家が中心にいて主導権を握り、その場所をどのような魅力的な場所にするかという根幹からデザインしてイニシアチブをもって取り組み、その後に事業計画や人材、コンテンツやファイナンスが付随してくる。最初にとにかく出口を決めて、逆算してプロジェクトを遂行していくのが、本来の建築のあり方ではないかと思っています。

安藤忠雄［＊15］さんは、僕が好きな建築家のひとりですが、その好きなところというのは、自分で考えた企画を自分で売り込みに行き、自らプロジェクトを生み出していくところです。そのたくましさと土地を耕すところから考える姿勢こそ、スペース・イニシアチブ的なやり方だと思います。僕も仕事がくるのをただ黙って待っているのではなく、根幹から、土壌から切り開いていきたいと考えています。

## 自分を空にして取り組む

**宮崎**　六角さんは、いつも施主に対して自我を押し通し、自己中心的で、「変狂」的なイメージをもたれている方もいるかもしれませんが、今日のような機会にお話を聞けば聞くほど、そうではないことがおわかりになると思います。

著書『六角鬼丈　奇の力』（丸善、一九八五）には、クレバスの家のイメージは天から降ってきたように「あるとき突然やってきた」とあります。つまり、自分がやりたいことを人に無理矢理押し付けるのではなく、誰かがこうしたいと思ったこと、外界から来たものに対して自らを乗り移らせて形にしてしまうということです。自分自身は空の状態でいて、外部から来るものに憑依し、でも、自身の軸はブレずに対応する。それはまさに、七〇年代当時の六角さんが日本建築の方法論の行き詰まりを打破しようとして住宅設計に取り組んでいた姿勢そのものではないかと思うのです。

**六角**　私はまず施主が何を望んでいるのかを受けとめて試行錯誤していくなかで、あるとき直感のようにひらめくことが多いですね。樹根混住器では、極端な方法で「暮らしたい」という施主の切なる思いから、木の根っこを抱くような家のイメージが思い浮かんだのです。宮崎君は「乗り移る」と言いましたけれど、外から来たものを極端な方法で「利用する」と言ったほうがいいでしょうか。そこで気づいたアイデアに乗り移っていくことから、自分の創作が始まっているのかもしれません。

**宮崎**　六角さんの七〇年代の住宅設計のときと同じような方法論を、大学時代にエスキスの講義を受けていたときにも感じていました。学生が自分自身でやりたいと思っていることを第一に考えてくれて、それをすくい上げていこうとされます。そうした指導を通して、自分を空にしてプロジェクトに取り組むことも学んだような気がします。

**勝矢武之**［＊16］　北山恒さんがこのレクチャーシリーズのテーマにされている七〇年代というのは、六〇年代までの大規模な国家的な建築、あるいはメタボリズムの時代の建築が終焉を迎えたときに、次に何を根拠に建築をつくればいいのかが見えなくなっていた、ちょうど空隙になった時代だと思います。

同じように七〇年代をテーマにした展覧会が、二〇一四年の「第十四回ヴェネツィア・ビエンナーレ国際建築展」の日本館［＊17］で行なわれました。万博が終わり、石油ショックにより経済の先行きが見えなくなった時代、さまざまな建築家が、建築に内在する理論からトップダウン的に建築をつくることをやめ、目の前にある現実からいわばボトムアップ的に建築をつくり始めました。展覧会ではその苦闘の記録が生々しく紹介されています。

六角さんの「八卦ハウス」も「樹根混住器」も、アイデアの基となったのは建築の外からもち込まれたものです。プランニングや構造で決まりがちな建築の形に、とてつもないものが外からもち込まれている。そして、外部にあるいわば無根拠なものを基に建築をつくるというやり方は、もしかしたらどこかで師匠である磯崎さんを意識されていらっしゃるのではないかと思いました。と言いますのは、磯崎さんは初期の作品では立方体など、ひじょうに強い純粋幾何学形態を建築にもち込んでいます。その強い形態は、もはやその場所とは無関係な「他者」です。この強い幾何学がプランテーションのようにその場所に移植され、建築が生成していきます。後年にも磯崎さんは「デミウルゴモルフィズム（造物主義）」という理論で、創造のなかにある他者性について語っていました。

六角さんの場合は、それぞれの建築の設計の過程で見つけた「他者」、非建築的な存在を建築に取り入れて設計していくという印象を受けました。でも、その「他者」はとてもローカルで、それぞれのプロジェクト一回きりのものです。つまり、設計に「他者」を受け入れるという点で磯崎さんと六角さんは似ている一方で、磯崎さんの「他者」が純粋幾何学のような普遍的な定理、建築の始原的論理である一方で、六角さんの「他者」は、その場で見つけたローカルなもの、偶発的なものである点が異なっているのです。そしてその違いこそが、七〇年代以前と七〇年代の違いであるように思うのです。

**六角** どうでしょう。ご指摘されたような磯崎さんと私との比較論というのは、だいぶ違います。たしかに私は、あまりロジカルな頭の構造をしていません。アイデアのかけらは、設計プロセスのなかで風景のように建築総体を描いていく。それによってできあがるところで、構成的に再整理していくという感じがあります。

**宮崎** 僕は磯崎アトリエに三年間しかいませんでしたが、勝矢さんのおっしゃるように、磯崎さんはビルディングタイプ、あるいはタイポロジーのようなものを発明することにこだわりをもっていらっしゃって、それを建築に転用される方だと思います。新しいプロジェクトを始めるときに、過去に手がけたアーカイブを持って来られることが度々ありました。昔のスケッチをトレースしていくことから始めたり、過去のプロジェクトをいくつか組み合わせたりするところからミーティングが始まることが多かったですね。ですから、磯崎さんは場所性にとらわれることなく、タイポロジーのようなものに意識が向いているのかもしれません。

六角さんは磯崎さんとは正反対で、毎回、すべてをご破算にしてしまいます。その都度、プロジェクトごとに、そのときしか成立しない方法論を追求することにこだわられるように思います。

**北山**　六〇年代まではヨーロッパ文明から来た建築の作法のようなものがあって、それを六角さんたちの世代で壊した、すなわち制度破壊をしたと思うのです。その後、彼らの建築はポストモダニズムという言葉に一括りにされてしまうのですが、その前の段階で地域的、あるいはヨーロッパ文明から離脱した辺境のなかで、新しい概念の建築が日本で生まれていったのではないかと考えます。二〇一四年のヴェネツィア・ビエンナーレの日本館で七〇年代をテーマに取り上げられたのも、そのときが破壊を始めた時代だから、この時代を見れば、日本のモダニズムの受容が計測できるのではないか。その後、ポストモダニズムの時代以降は、資本の暴走のなかで建築がつくられていきましたから、地域性ということに関しては希薄になっていきます。

ところが、近年になって東日本大震災、あるいはリーマンショック以降からなのか、ヨーロッパ文明の支配が弱くなり、新しい建築概念が必要とされる状態のなかで、宮崎さんの活動のように、建築の新たな可能性が世界のいろいろな地域で生まれてきています。六角さんと同じように、それが建築なのか、建築を超えていくものなのか、建築を拡張したものなのかわからないのですが、新たな萌芽の始まりと言っていいのではないかと思っています。

六角さんの師匠である磯崎さんは、おそらくヨーロッパ文明の伝道師だったと思うのです。そのことをケネス・フランプトンも書いています。「磯崎新さんと篠原一男さんを案内人にして、日本の建築を紹介していった」(『現代建築史』一九八〇／邦訳＝中村敏男訳、青土社、二〇〇三)と。六角さんは、そういう案内人、または伝道師に対して距離をおいて、反面教師にしているところがあるのではないかと。六角さんは磯崎さんではなく、ヨーロッパ文明そのものに対向していたのではないかと、私は思うのですけれども。

**勝矢**　六角さんをはじめとする野武士と言われた世代の方々は、おそらくシステムや制度に従って建築をつくっても、もはやそれで建築になると思えなくなったのではないかと思います。つまり、モダニズムの建築の形式というものに信頼をもてなくなり、そこにリアリティを感じなくなっていった。だからこそ、みんな自己のなかのリアリティを模索していたのではないか。

また、七〇年代は、市民のための建築が生まれた時代でもありましたが、六角さんの建築の根底にあるのは、もっと個人の内的な体験や感覚的な体感、あるいは伝家の宝塔に見られるように記憶の蓄積ということに主眼をおいた。強い軸線をもった光のあるクレバスの家、中心線をもった強い空間の八卦ハウス。どちらも個人的な強い空間体験というものが、建築の存在を支えています。そのあたりのお考えを六角さんにお聞きできればと思います。

**六角**　個人的なイメージとしての空間的な思考や自分自身の体験的な感覚は、願望としてそれで建築に落とし込みたいと思っています。けれども、そう分析されたような思考を自分がもっているかというと、そんなことはないですね。何かをつくるときにいわゆるネタが重要で、そのネタのようなものを見つけると、夢中になってしまう。それが見つけられないと、自分自身の考えもぼやけてしまって、つくる目的も見えなくなる。でも、たしかにモダニズムの形式による建築のつくり方では、表れない言葉というのがあって、その表れない言葉に私は引っかかったということはあります。私にとっては、クレバスの誇張した遠近空間の発見に始まり、空間のもつ魅力や力に憧れをもつようになり、言葉を超える力を建築で表現してみたいと思うようになりました。モダニズムの形式に沿って空間を考えていくと、壁と柱をどのように組み合わせていくかという、組み立てゲームのようになってしまう。私はそれとは外れたところで、建築が別の意味を引きずり出すようなことをしたいと考えていました。

**北山**　七〇年代というのは、ヨーロッパ文明が推し進めていたもの、つまり、モダニズムから降りる感覚があった。その当時は対向というよりも、相対化するという概念があったような気がします。

## 自分自身がクライアントになる

**能作文徳**　私は北山さんと見立てが少し違うかもしれません。北山さんはヨーロッパ中心のモダニズムではなく、日本の各地域に出てきたものに対して、あるいは異なるものを相対化するものとして、地域主義的なものが新たに生まれてきたという見方をされていると思います。

『成長の限界』[＊18]といわれた七〇年代頃から、レイチェル・カーソン[＊19]が環境汚染に対して指摘するなど、危機意識のようなものが生まれてきた。世界は成長していくという信念自体が揺らぎ、成長モデルを進めていくことでさまざまな綻びが表面化してきました。多くの人がその綻びに対して、何とかして回復しなければいけないという意識をもっていると思います。

特に七〇年代は、都市が急激に成長していく一方で、人間が阻害されていくような感覚があり、だからこそ個人の実存が求められたといわれます。いかに個人の実存を回復してあげられるかというのが、六角さんの建築にも見られるように思います。例えば、樹根混住器での一家総出で木の皮をむくという行為は、成長の時代には意味をなさなかった。けれども、七〇年代にはクライアントの、一個人の建築を建てることに対して、建築家が手を差し伸べてあげることが重要だった。宮崎さんは、個人の実存というよりは、人とのつながりが希薄になってきたことに対して、ネットワークをどのように回復していくかということに着目された。

七〇年代の住宅設計において、個人の実存を回復することが、クライアントの要望と建築家の創作を結びつけていたと捉えられます。そこで六角さんにお聞きしたいのは、クライアントに対してどのような意識をもってプロジェクトに向き合っていたのでしょうか。例えば、施主から木を使いたいとか、風水を守ってほしいと言われたときに、そのことをどのように建築創作の力にしていったのでしょうか。

**六角**　八卦ハウスのときの鑑定士の言うことについては、私自身は、興味はあっても信じていませんでした。叔父叔母がそれを信じていることも、私にとっては関係なかった。しかし、いろいろな案をつくっても、すべてダメ。途中でこれ以上は無理かもしれないと思っていたときに、八卦の方位盤を丸ごと設計プランに表せばいいということに気づいたわけです。そして、八卦の方位盤は宇宙模型のひとつとなり、正方形で取り囲むと入れ子型の都市住宅として誕生したんです。樹根混住器の場合は、こういう家はどうかと投げかけたら、施主が本当に木を根っこごと引っこ抜いてきてしまったという、とんでもないアクションが起こってしまうことがあります。ですから、私はいつも最初に思いついたアイデアを相手に思い切って伝えるようにしていました。

七〇年代はそうやって自分で自分を刺激しながら、いろいろなことを考え住宅設計を行なってきたわけですが、当時、われわれ若手建築家はみな住宅の仕事をしていました。というより、住宅しか仕事がなかったんですね。

**長谷川逸子**　当時、公共建築は、大阪万博を手がけた菊竹清訓さんから上の世代の建築家しか携わらせてもらえないという状況があったからですね。ですから、私たちの世代は全員が住宅を、それもローコスト住宅を設計していました。

それを知りながら、磯崎さんが「住宅を設計している限りは、本当の建築家とは呼ばない」とおっしゃって、私たち若手と大喧嘩になったことがありました。六角さんや伊東豊雄さん、毛綱毅曠さん、石井和紘さんなどもその場にいたと思います。その時代を経たあとは、みんな都市の建築や公共建築に携わるようになっていきましたが、当時は建築の設計を始めたばかりの頃でしたので、むきになって怒ったというのを覚えています。

**能作**　次に宮崎さんにお聞きしたいことです。HAGISOのプロジェクトは、さまざまな偶然が重なって手がけられた。HAGISOを都市に介入する起点として捉えていて、さらに谷中という都市の資源を見つけていく視点につながっています。それは新しい都市の見方だと思います。しかし一方で、たんに空き家をビジネスに展開していると捉えられることもあると思います。都市的な側面とビジネス的な側面でズレのようなものがあるのでしょうか。またこれが建築なのかと言われることもあると思うのですが、いかがでしょうか。

**宮崎**　僕はHAGISOでカフェを運営すること自体も建築だと考えています。そこでどういう人が働くのか、それが人にとってどういう体験を与えるのか、最終的にはそこから奇跡的な状況を生み出したい。それを生み出すのは建物だけでなく、そこにいる人や状況すべてが関係してくるので、すべてが建築なのではないか。

建築の造物的な部分というのは、そこまでこだわりをもっていません。まったくないということではないのですが、そこにあまり終始しないように心がけているところがあります。六角さんはいつもプロジェクトで、その場所で何をするか、誰に何をしてもらうか、人とのつながりも含めて調停していくプロデューサー的な立場でいて、それをすべて作品と呼んでいいのではないかという考えをおもちで、その姿勢に共感します。僕も仕組みづくりから構築していくことをデザイン、もしくは建築と呼ぶという考え方をもっています。

設計からドロップアウトしたつもりはなく、意図して建築をつくっていないというわけでもありません。僕にとってはビジネスなのかどうかということよりも、現在のシステムのなかで建築をつくるリアリティがないということのほうが問題意識としてあります。

**北山**　何をもって建築というのかという、建築の定義について疑問を感じているのではないでしょうか。

**宮崎**　そうですね。僕は建築をつくること自体には、リアリティを感じます。けれども、建物の大きさやデザインの強度のようなものを競い合うことに関しては、リアリティを感じません。誰のためにつくっているのかわからなくなってしまうからです。そうではなく、建築というのは設計の前提条件からかかわることで、その場所に真にあるべきものになると考えています。そのための手段はすべて使い、そのひとつがビジネスというだけです。例えば、その場所がビジネス的に成り立っていない場合、五年で続かなくなってしまう。僕は持続可能な仕組みを設計することにおもしろさを感じます。
　アーティストのクリスト［＊20］を尊敬しているのですが、彼はアートピースとして作品を発表するだけでなく、プロジェクトを遂行するためにいろいろな人を巻き込んでつくります。おそらく六角さんのように、クリストもすべてが作品と考えているのではないかと思うのです。

**勝矢**　宮崎さんは街の中に点在している可能性をつなぎ合わせていって、その場所に実は建築が必要だったということを発見されていく。そのほうが特定の個人のクライアントから依頼されてつくるよりも、はるかに建築をつくるリアリティを感じているのではないでしょうか。だからこそ、ビジネスも含めて引き受ける。宮崎さんがそういったつながりを街の中に探している一方で、七〇年代当時の六角さんは、自分や個人の体験や家族の体験を核に建築を考えられています。どちらも間取りなどの普通の一般的な与件を建築の根拠に据えていません。人とのつながりのようないわばフローを求めるか、自身の記憶というストックを求めるかという違いはあるにせよ、普通の建物を普通につくるだけでは失われてしまう「何か」を取り戻すために建築をつくるという部分が似ているように感じます。
　八〇年代を越えると、六角さんはランドスケープや街の領域にかかわるような、より広がりをもった仕事に移行されていきます。感覚ミュージアムという言葉が象徴的なのかもしれませんが、七〇年代と同様に、やはり個人の体験の場をつくられているように見受けられます。公共性を、あえて個人の感覚や体験から醸成していこうという点が特徴的だと思います。

このあたりは宮崎さんのアプローチにも受け継がれていますよね。

**六角**　まんだら遊苑、感覚ミュージアムに共通しているのは、設計の条件書というものを私のほうでつくったということです。こうした条件書というのは、一般的には建築家ではなく、クライアント側、行政などが作成するものです。そういうストーリー、つまり、設計の条件書を私自身が考えることができたことで、建築の設計に留まることなく、街へ広がっていくことができたのだと思います。

**宮崎**　建築家が資本の奴隷だったという時代があったとすると、それはたんに下請けの仕事をしていたからではないかと思うのです。建築家はつねに「請け負う」という使命から、今も抜け出せないでいます。けれども、実はクライアント不在でも、建築家がプロジェクトの企画を考えたり、自分自身がクライアントになったりすることが可能ではないかと思っています。

**六角**　その通りですね。けれども、下手をすると、建築から離れていってしまう。また、建築家のやるべき仕事が多くなるということは、お金もその人に集中してしまうということ。行政などの発注側は、それをよく思わないんですね。そこで仕事をバラバラに切り分けて、複数人に配分してしまう。そうならないようにするには、どうすればいいか。できるだけ、手の内に入る規模にして行なうことです。

**北山**　今回、宮崎さんは「辺境論」という興味深いテーマを設定してくれました。私はこのタイトルから、アンチ・ヨーロッパ文明という印象をもっていましたが、議論を進めるなかで「対向」ではなく、六角さんや宮崎さんは相対化する新たな建築概念をつくろうとしているのではないかと思いました。私はヨーロッパ文明の建築について勉強し、それを中心に考えてきましたけれども、ある種、行き詰まっていく感覚もありました。

日本では七〇年代に新しいクライアントが登場しました。それが今の時代では、宮崎さんなどは自分自身でクライアントも担っている。それまでのクライアントの概念がまた新たに変わったといえると思います。七〇年代と同じように、クライアントの概念が変わることによって建築も変わる可能性があるのではないかという希望をもっています。

今日の辺境というタイトルも、文明の辺境でもあり、その辺境が反転する可能性があるという意味で、私はこのタイトルにとても共感しております。アウトサイダー的な考えで、中心からは、外れてしまったことをやっているようですが、それがひるがえって還元できるところにつながることによって、新しい建築が生まれてくるようにも思います。

［編註］

＊1　『日本辺境論』つねにどこかに「世界の中心」を求める辺境の民、日本人とは何者かを問う、思想家・武道家の内田樹の著書。

＊2　山本理顕（一九四五年〜）建築家。代表作に、「埼玉県立大学」「公立はこだて未来大学」「横須賀美術館」など。著書に、『建築の可能性、山本理顕的想像力』（王国社、二〇〇六）など。

＊3　毛綱毅曠（一九四一年〜二〇〇一）建築家。住居としての機能性を否定した、デビュー作の「反住器」で注目

を浴びる。代表作に、「石川県能登島ガラス美術館」「釧路市立博物館」など。
＊4　石山修武（一九四四〜）建築家。一九七五年に、コルゲートパイプを使用した処女作となる別荘「幻庵」で注目される。代表作に「伊豆の長八美術館」「開拓者の家」など。
＊5　『都市住宅』一九六八年〜一九八六年まで鹿島出版会から出版された建築雑誌。編集者であり、建築評論家の植田実（一九三五〜）が編集長を務めた。
＊6　石井和紘（一九四四〜二〇一五）建築家。処女作の香川県の直島小学校が評価され、県内の公共施設の設計を任されて「直島建築」と称される。代表作に、「数寄屋邑」「清和文楽館」など。
＊7　黒沢隆（一九四一〜二〇一四）建築家。「個室群住居」という新しい住まい方の概念を提言。代表作に、「住宅館キュービクル」「ホシカワ・キュービクルズ」「コワン・キ・ソンヌ」など。
＊8　添田浩（一九四二〜）建築家、デザイナー。住宅設計、建築、ランドスケープデザインなど幅広く活動を展開。一九六九年『都市住宅』に「自邸」を発表し、建築ジャーナリズムの注目を集める。
＊9　黒川雅之（一九三七〜）建築家、プロダクトデザイナー。建築の代表作には、「パロマ本社」「風と光の塔」「来待ミュージアム」など。プロダクトの代表作は、「GOMシリーズ」「潜水具・フィーノ」がある。
＊10　花輪邸　一九八四年に竣工。ヴォールトを二分割した変形フレームで構成され、東西を中廊下のように貫通させ、家の中心に連続した空間を確保している。
＊11　お祭り広場　一九七〇年に開催された日本万国博覧会の丹下健三が手がけた催し物会場。「太陽の塔」を中央に配した鉄骨製の大屋根をかけた広場。
＊12　見えない都市　十九世紀以降、急速に変貌する都市について、六〇年代に磯崎新が言及した都市論。
＊13　ヨハン・ホイジンガ（一八七二〜一九四五）オランダの歴史家。代表作に、『ホモ・ルーデンス』（一九三八／邦訳＝高橋英夫訳、中央公論社、一九六三）、『中世の秋』（一九一九／邦訳＝堀越孝訳、中央公論社、一九七一）などがある。
＊14　「MACHI-YATAI・Project」　東京藝術大学の教員と学生が街そのものをミュージアム化するアート活動を

通して、地域文化の活性化を図るプロジェクト「上野タウンアートミュージアム」のひとつ。

＊15　安藤忠雄（一九四一〜）建築家。代表作に、「住吉の長屋」「光の教会」「フォートワース現代美術館」「地中美術館」など。一九九五年にプリツカー賞を受賞。

＊16　勝矢武之（一九七六〜）建築家。日建設計。近作に、「木材会館」「上智大学6号館」「FCバルセロナカンプノウ」。

＊17　第十四回「ヴェネツィア・ビエンナーレ国際建築展」の日本館「In the Real World：現実のはなし〜日本建築の倉から〜」をテーマに、展覧会オーガナイザー・編集者の太田佳代子がコミッショナーを務め、二〇一四年にイタリアのヴェネツィアで開催された。

＊18　『成長の限界』（ドネラ・H・メドウズ著、大来佐武郎監訳、ダイヤモンド社、一九七二）世界各国の科学者、経済学者が設立したローマクラブが経済成長や人口増加から資源や環境の限界を論じた報告書。

＊19　レイチェル・カーソン（一九〇七〜一九六四）アメリカの生物学者。一九六二年に『Silent Spring』（邦訳＝『沈黙の春［現邦題］』青樹簗一訳、新潮社、一九六四）を出版し、世界で初めて化学物質による環境汚染問題を警告した。

＊20　クリスト（一九三五〜）ブルガリア出身の芸術家。本名は、フリスト・ヴラディミロフ・ヤヴァシェフ。建物や橋、島などを布で梱包する作品を展開。代表作は、「ヴァレー・カーテン」「梱包されたポン・ヌフ」など。

レクチャー

# 3

## 坂本一成×能作文徳

建築のエシックス

坂本一成さんは、七〇年代、すでに高度な産業社会を構築していた日本で、近代主義を超越しようと独特の建築の構成法を模索されていた。今回はその実践ぶりを、同時代の国内外の建築動向を参照しながら説明していただいた。

トークセッションは能作文徳さん、塚本由晴さんという東工大スクールを中心に進み、清家清、篠原一男に言及しながら七〇年代の住宅建築の状況、当時の同時代的建築論が紹介された。さらにその連続として、モダニズムを支えていたパブリック概念、産業化される建築など、現代の建築の問題が浮き彫りとなり、興味深い議論が展開された。能作さんの示す人間とモノを包摂する思想は、本来は西欧から外れるものであるが、それは七〇年代に提議され現代に継続する建築の主題であるのかもしれない。

■北山恒

レクチャー

坂本一成

# 一九七〇年代からの設計手法

## 七〇年代とはどういう時代か

この連続レクチャーのタイトルは、「一九七〇年代の建築的冒険者と現代の遺伝子」です。北山恒さんが考えられたテーマで、プレゼンターとして僕も呼んでいただきましたが、伊東豊雄さんや六角鬼丈さん、長谷川逸子さんはたしかに冒険者だったけれど、僕はそうとも言えないのではないかと思います。それはともかくとして、まず、七〇年代の僕の仕事を振り返り、どのように設計してきたかを語りたいと思います。

とはいえ、七〇年代の僕に特有な設計手法があったわけではありません。当時も今も、そのときの条件のなかで建物として最大の効果があるよう設計してきただけです。設計条件には、施主の具体的な注文もありますし、社会自体が与えている抽象的な要件みたいなものもあります。自分なりに社会的な空気や条件に対応してきたのですが、それもあとから気づくことで、そのときにはむしろ無意識のプレッシャーであって、その内で自分の方向を探っていたように感じます。

僕は一九六六年に東京工業大学の建築学科を卒業しました。その前年に篠原一男先生の研究室に入り六年間在籍し、七一年に武蔵野美術大学で研究室をもつことになりました。そのあいだにアトリエを開設しています。一九八三年に東工大に移りますので、七〇年代の活動は主に武蔵野美術大学とアトリエでの活動になります。

建築を勉強し始めた六〇年代、特に後半は、環境汚染が深刻化していました。近年の中国の汚染よりも酷かったのではないでしょうか。空気が悪くなると警報が鳴るような状態で、大気汚染のみならず河川や土壌など、さまざまな公害が問題となっていました。また当時は大学紛争や安保闘争がありました。学生たちは、政治に対して敏感でした。中国では文化大革命が始まり、韓国でも青瓦台襲撃未遂事件のような大きな出来事がありました。けれども中国や韓国についての情報はほとんど入って来ないので、両国はヨーロッパよりも遠い国でした。

七〇年代に入ると、田中角栄の「日本列島改造論」にもみられるような著しい経済成長が進みました。これが八〇年代後半に向けてバブル経済となり、行きすぎた資本主義や超消費社会へと移行します。これがその当時の社会的状況です。

清家清［＊1］・篠原一男両先生のいる東工大で学びましたので、住宅建築をとても身近に感じていました。五〇年代前半は新しい社会をつくる意気に燃え、清家さん、池辺陽《きよし》［＊2］さん、増沢洵《まこと》［＊3］さんらによる開放的・ユートピア的な住宅が提示された時代でした。ところが六〇年代後半になると、多くの公共建築が建てられ、こうした社会情勢が反映して、住宅なんて建築ではない、住宅には社会性はないと考えるようになった。僕はそれにかなり苦しめられました。学生の純粋さにとって社会性がないと断じられるのは、大きな拒否反応を示されたことになるからです。

それでも七〇年代になるとARCHITEXT（アルキテクスト）［＊4］というグループが結成され、相田武文さん、東孝光［＊5］さん、鈴木恂《まこと》［＊6］さん、宮脇檀《まゆみ》［＊7］さん、竹山実［＊8］さん、あるいはこのメンバーではありませんが山下和正［＊9］さん、こういう方たちが住宅で活路を探し始めました。かつての特別な階層・階級のための特別な住宅ではなく、市民に開放された住宅の設計が始まった時代でした。

また、この頃の多木浩二という評論家とのかかわりも抜きにして語れません。僕や伊東さん、長谷川さんを含め、われわれの世代は多木さんと近かった。多木さんが近づいたのか、われわれが近づいたのかはわかりません。

多木さんはこの頃、篠原・磯崎という強い主張をもった、ある種のフォルマリズムに対する批判を行ない、われわれも同調することによって自分たちの世界をつくろうとしていました。このようななかで、七〇年代後半からいわゆるポストモダニズムが興ってきたわけです。

## 「閉じた箱」に可能性を見る

その一九七〇年代という時代に僕は、どのような建築を手がけていたか。僕の最初の仕事は篠原研究室に在籍していた一九六九年に竣工した「散田の家」です。叔母の家の設計でした。コンセプトは「閉じた箱」です。空間の内部にいろいろな場所を入れ子のように構築するという仕組みで、この建物では庭との連続性を薄くし、水平方向に閉じた住まいを提示しました。これにより、環境から独立した、ひとつの住居としての生きた世界を構築したいと考えたのです。

「散田の家」1969年

このような閉鎖的な住まいを提案した背景として、一九六〇年代の環境汚染が進んで行くなかで都市が現在のような身近なものではなく、経済のための必要悪と認識せざるをえなかったことがあります。それゆえ都市や社会と断絶した閉じた世界のなかに可能性を見出したいと考えたのです。僕らの世代の少なくない建築家が、時代の渦を感じていました。

七〇年竣工の「水無瀬の町家」も同じくコンセプトは「閉じた箱」ですが、「散田の家」が独立した自己完結型であったのに対し、こちらは町家という名称に示されるように、外部との関係のなかで都市との向き合い方を示しながら囲い込んだという違いがあります。街道沿いの小面積という厳しい敷地条件に合わせた建物で、屋根は木造の小屋組で、その下はRC造です。

「閉じた箱」という同一のコンセプトですが、「散田の家」ではある種の自閉されたもののあり方を追求しましたが、篠原一男の影響が大きいものでした。それに対して「水無瀬の町家」ではだんだんと自分の考えを強くもつようになっていったといえるでしょうか。外部とかかわらない住宅はありえませんが、観念的に内部で世界を表すことを強く考えていました。もっとも自分では閉じた空間だと思っていましたが、当時は「こんなに大きな窓をつくって、何が閉じた箱だ」と批判もされました。どちらも、生活や活動をその箱の内部に閉じ込めて、そこに生きた世界を構成しようとしたものであり、都市や社会、環境との社会的接触そのものを拒絶するものではありません。その閉鎖性に

「水無瀬の町家」1970年

より、社会性というものをより明確にすることができると考えていたと言えると思います。

## 何でもない、当たり前の「家型」

七三年竣工の「雲野流山の家」は、初の完全なRC造です。直方体に近い、勾配屋根もないフラットルーフの建物で、何でもない、無色で無性格な何も語らない空間を意図したいと思いました。七六年に竣工した「代田の町家」では、前作までより各室の自立性を高めました。北側に開口があり、中庭を通じて主室の南端を経て、敷地の南側の緑道まで視線が通るようになっています。東西を隣家に挟まれているので開口を少なくして囲い、街に対する自立性も高めています。七八年の「坂田山附の家」の頃になると、住宅を周辺環境と連続させたいという思いが出てきます。そして、街の一角に当たり前のように佇む家の形、「家形」という考え方をもち始めます。あとから考えると、切妻屋根で造ることにより、家の形とし

「雲野流山の家」1973年

「坂田山附の家」1978年

「代田の町家」1976年

て形式的に街に添うものになったということでしょう。そのことを後に「家型」と記すようになります。

住宅の構成のエレメントや住宅の意味を残しながら、どうやって水平な材や垂直な材を形成できるかを考えていました。家型というのは、環境に合っているけれど、よく見るとそれだけじゃなく、それ以上の意味があるかもしれないと思わせてくれるものをつくりたいという、屈折し矛盾した論理をもっていました。それは論理というよりも感覚的にもっていたものでした。

一九七九年に発表した論考を紹介しましょう。

それは単に家のかたちをしていたにすぎない。かといって具体的な形を思い出すこともできないのだが。町の一画にひどく当たり前に、穏やかに、そしてそこにあることに何も疑いを持たせない何気なさの内にあった。一見素朴でありながら、粗野というわけでなく、むしろ洗練されているかに見えた。それはその町の片隅のまわりの家々から必ずしも際立ってはいなかったが、埋没しているわけでもなかった。まわりの家々がそれら自身を家だと主張していると見れば、その家は黙して語ろうとはしていなかった。しかし、それらの家々がすでに家のかたちを失って形骸化していると見れば、それは生き生きした家形を積極的に構成しているようにも思えた。その家は寡黙であるにもかかわらず、逆にそのことで饒舌になってしまうことを極度に恐れているようでもあった。このことによってこの対象は不思議な対比を周辺に対して構成していたが、それでもそれは家としかいいようのないかたちをしていた。

その内部も外部の印象と異なることはなかった。つまり外部で見た家形とそれなりに同形の家のかたちを持っていた。外部にあった家形がひどくあたりまえに見える屋根や壁、そして窓で構成されていたように、かといってそれらがあまりにもあたりまえに見えたためかその具体的な形は思い出せないが、その内部も床や壁、天井、そして窓（いや天窓もあったかも知れない）がごくなんでもなく穏やかにそこにあった。それもひどく自然で気を引くこともなかったので、その形状を思い出すことはできない。だからそこは外部で見たのと同様に必ずしも感動的な空間と呼べるような場ではなかった。ただ部屋があたりまえに連続しているのである。この内部もどこの住宅でも見られそうな家の日常的構成なのだが。
どこかにこの家はあった。私の生まれた町の一隅にあったかも知れない。いやもしかしたら幼い時の絵本の1ページにあったのかも。あるいは旅の汽車から下りた小さな町での家かも。いやそんな遠くでなくともこの町のどこかにもその家はありそうなのだが。こんな記憶の家があなたにもないだろうか。

（坂本一成「家形を思い、求めて」『新建築』一九七九年二月号）

当たり前のものは、何でもないものになりがちなものです。でも当たり前のようでいてそうじゃないものだったら、楽しいじゃないか。それにより文化に対応しているという満足も得られる感覚もあったのだと思います。

さて、六〇年代は外国からの影響はほとんど感じていませんでしたが、七〇年代になるとロバート・ヴェンチューリ［＊10］をはじめとした、いわゆるグレー派［＊11］という新しい建築が出てきたのを感じました。また、ピーター・アイゼンマン［＊12］を中心としたホワイト派［＊13］という、理知的なラショナリスティックな規範を標榜した動きもありました。

「家型」の思考には、ホワイト派の影響も見られると思います。ヴェンチューリに関し

「今宿の家」1978年

「南湖の家」1978年

ては、一九六六年に『建築の多様性と対立性』(Complexity and Contradiction in Architecture)が出て、二年後に訳本も出ました。どちらも読みましたが、その頃はよく理解できませんでした。当時の建築の理論とヴェンチューリは、多くが矛盾していたからです。でも次第に、「ああ、こういうことか」と合点がいくようになりました。ですから七〇年代になってようやく意識と重なるようになってきたと言えそうです。

七八年には同じく切妻の「家型」の「南湖の家」と「今宿の家」ができました。ラワンベニアだけでできたような「南湖の家」は、幾分閉じていますが、「今宿の家」は開放的です。ポストモダニズムが標榜された頃で、自分では追っているつもりはなかったけれど、結果的には幾分そのなかに巻き込まれていたと思われます。八一年の「祖師谷の家」は、「家型」と幾何学構成を重ねたもので、さらに操作的になっています。八八年の「House F」の頃になると、イメージ的な操作のないところで建築を考えたい、建築の即物的な構成で建築を考えたいと思うようになって

「House F」1988年

「祖師谷の家」1981年

いました。

## 「建築とは何か」を問題にしない時代へ

七〇年代の初め、ウィーンのハンス・ホライン〔＊14〕は「何でも建築だ」と言いました。これはかなり衝撃的な発言でした。建築の固有性を強く意識し始めたのも、この頃のホラインの発言や多木さんの存在が少なからず影響しています。七五年には磯崎さんが『建築の解体』〔＊15〕を上梓しています。建築とは何かということを問題にする必要のない時代と重なっていたように感じます。

今回のテーマとはずれますが、簡単に触れますと、八〇年代以降は、空間のよりフィジカルな問題に目を向けるようになります。九二年の「コモンシティ星田」では、ランドスケープも含めた大きな広がりのなかで住宅を考えました。傾斜地はひな壇造成をするのが普通ですが、あえてスロープ造成とし、大地にばらまかれたようにして住宅群を設計しました。「House F」と連続して即

「コモンシティ星田」1992年

物的な構成となっています。

九九年の「House SA」は、場が独立しながらつながることを提示し、内部も外部も地形に沿うようにしました。「南湖の家」では内部空間は棟方向に沿っていることと、比べるとかなり異なった空間となっていると言えます。このことは建物のあり方が内的秩序から外的秩序に移行したことも意味します。二〇一一年、熊本の「宇土市立網津小学校」では、合理的なヴォールトを連続させ、フラットなループを重ねることにより、奥行き方向につながる一体感を出しています。合理性を前提としながらある種の合理性を超えるような建物だと思っています。二〇一五年の「Hut Ao」は、床の段差で場所を分け、条件のなかで最大の空間となるようにしたもので、形式にとらわれない形を提示したと思います。こうした近年の作品は七〇年代の「閉じた箱」や「家型」といったような形式性をより相対化した設計となっていると思われます。

レクチャー

能作文徳

# 建築をネットワークで捉える

## 低成長時代における建築

私は人とモノのエコロジーに関心を寄せています。エコロジーとは生態学、つまり生物と環境の相互作用を扱う学問です。生物は環境に影響を与え、環境は生物に影響を与える。これに人とモノを含めて拡張し、建築や都市を考えています。

まず、人類の長い歴史のなかで、現代がどういう時代なのかを捉え直しました。人間の歴史を生態学的に捉えると、人口問題が浮かび上がります。人口増加のサイクルは三段階あり、およそ一〇〇万年前の人類大移動、一万年前の農業革命、二〇〇年前の産業革命で劇的に増加しています。日本では近年人口は減少していますが、地球規模では増加傾向にあり、二〇六〇年には一〇〇億人に達すると予想されています。しかしその後は地球の限られた資源により、人口増加は頭打ちとなり、増加しなくなっていくと推測されています。このとき、地球上の人間は、食べ物、水、エネルギーなど、さまざまな問題に直面するでしょう。人類が無限に成長するという想定に無理があることがわかってきています。

そうなると、生物である人間と地球という限られた資源のなかで、建築を考えていくことが求められていくでしょう。生物と環境を相互作用として捉えていく生態学的な視点が建築にも導入されると思います。建築がどのような資源から、どのような社会制度のなかで、どのようなプロセスでできているのか。そうしたさまざまなネットワークのなかで建築を考えるようになります。

ブルーノ・ラトゥール[＊16]は「アクターネットワーク理論」を提唱しています。自然と社会の二分法を退け、アクターの相互の関係性（ネットワーク）から科学や社会を考察しようとする理論ですが、人とモノが別々にあるのではなく、相互に連関するように捉えています。

これからの建築は、人とモノのネットワークにかかわることを抜きに語れないと考えます。モノを使って空間を構築するのが建築です。柱に使う杉丸太一本とっても、京都の北山杉とそれを磨く職人や、枝打ちの仕事や植林と無関係ではありません。材料をたどっていくと、かならず自然のものに行き着く。また、建物を壊すと廃棄物になりますが、リサイクルやリユースで再び資源化することができます。そのネットワークともつながっています。

建築はさまざまな材料でできていますが、それぞれの材料をさかのぼっていくと、組み立てや加工を行なう職人、原料の調達、資源の管理、自然環境までつながっていきます。この建築をつくるプロセスのなかで自然を上流とすれば、建築や部材は下流になります。現在の産業社会では、私たちが選択できるのは製品までのことが多く、その先は見えない状態です。しかし、その先のネットワークをどうにかして見えるように建築をつくることはできないでしょうか。これまで空間のデザインとして認識されていなかった部分も、新たなデザインとして組み込みたいと思っています。このように、モノができるプロセスやネットワークを私が強く意識するようになったのは、「高岡のゲストハウス」がきっかけでした。

## 街並みや家族の記憶に接続する

二〇一六年に竣工した「高岡のゲストハウス」は、祖母の家を改修して、住居に加えて人が集まるゲストハウスをつくるプロジェクトでした。小学校まで三世代で住み、私

瓦屋根が建ち並ぶ街並みと高岡のゲストハウス

「高岡のゲストハウス」2016年、竣工時の外観

にとっても小さい頃の思い出が残る住まいです。東京から久しぶりに戻った地元は、瓦屋根が立ち並び、祖母の家には昔からの雪見障子も職人が手がけた欄間も残っていました。それらは新鮮に目に飛び込んできました。やがて、残されてきたものを廃棄せずに、街並みや家族の記憶に接続する建築について考え始めました。

とはいえ、新築に比べ、リノベーションは大きく空間の骨格を変えることができません。そこで、一軒の建物を三つに分解して屋根を移設することを考えました。また高齢の祖母にとって引っ越しは大きな負担となるので、住みながら建てられるように、段階的に建設していく方法を考え出しました。

プロセスは動きでないと伝えにくいので、動画として記録しました。食堂付きのゲストルームを新築し、屋根は四隅の柱を切ってクレーンで吊り上げました。瓦は葺き直し、雪見障子と欄間は再利用しました。地元の職人とも知り合いになり、とりわけ左官職人が活躍してくれました。田舎の典型的な風景ですが、建築家がデザインしようもない時間や風景でもあるのです。それを引き

「馬込の平入」2016年、珪藻土塗り

高岡のゲストハウスの屋根移設

受けながらどうやって設計していくかをこの仕事以降、考えるようになりました。

## ローコストなプロジェクトへの発想

大学で学んでいた頃は、三〇歳になれば、住宅の仕事が次々舞い込んでくると耳にしていました。あるいは、三〇代で公共建築を手がけた時代もあったと聞きます。でも今の時代にはそうはいきません。今はリノベーションの物件が多くなっています。また増え続ける空き家も大きな問題になっています。

東京の住宅「馬込の平入」はローコストの家で、予算を補うためにクライアントが壁塗りなど、できるところは自ら作業することで成立したプロジェクトです。ハウスメーカーの標準仕様ですが、クロス張りをしないで、プラスターボードのまま引き渡してもらい、クライアントの家族や友人が珪藻土で仕上げました。珪藻土を塗るのは素人なので左官職人のようにはいきませんが、かえって自然な味わいが出て、施主もその体験を楽しんでいました。

長野の「大町ハウス」もローコストのリノベーションで、空き家になった民宿を活用し、民泊予約サイトAirbnbのゲストハウスをつくるという依頼でした。ここでは予算を浮かせるために、無料で材料を調達しています。長野の諏訪では平坦に割ることができなかった鉄平石は砕石として廃棄されるのですが、不陸の鉄平石をもらいうけ、土間のダイニングに張りました。また、施主が陶芸好きなので、益子を訪れたときに、余分に焼かれて保管されているタイルをもらい受けました。産業構造のなかではゴミになってしまうものに価値を見出すことができます。それを再利用することが小さなエコロジーの経験と捉えて設計しています。

「大町ハウス」2016年

## 本質論を超えていく

ネットワーク論に気づいてから、以前よりも設計することがおもしろくなりました。それまではまず空間が自分の頭のなかにあり、施主や諸条件は自らのプランを阻害する外乱要素と捉えがちでした。しかしネットワークから考えると、身の回りの資源に気づくことがすでにデザインとなっています。また、その資源との出会いが、今までにない発想を生み出すきっかけにもなります。思考よりも身の回りの資源が先にあるので、コンセプトや設計図ありきではなく、ありあわせのものから組み立てていくブリコラージュのようにつくっています。

現在、牡鹿半島でキャンプ場をつくる筑波大学貝島研究室とアトリエ・ワン［＊17］のプロジェクトに参加し、小さなコテージを担当しています。敷地の中にある杉を伐採し、その杉材を使ってセルフビルドをするという計画です。杉林にはたくさんの落ち葉や枯れ枝がありますが、それを資源として使えないかと考えました。キャンプ場では、生火で調理をしたり、暖をとったり、じっと火を眺めたりすることがとても楽しいことです。そこで落ち葉や枯れ枝を燃料にできるロケットストーブを土間に導入し、ストーブの煙道を床下にころがして、オンドルのように暖めます。宿泊する人は、火をおこすための資源を身の回りから調達することを経験することができます。

今、地球環境やエコロジーへ配慮することは、国や企業が目標とする数値を達成するための商品を購入することに置き換えられています。これは免罪符をお金で買うようなものでしかなく、充実感は得られません。地球環境という全体をいきなり考えるのではなく、身の回りの資源からエコロジーを捉えて実践することが大切です。日常のなかで、火や水、光や風、植物や動物にかかわり、共にいること、共につくりあげることがエコロジーの起点だと思います。建築家はそのエコロジカルな経験を空間の中に具体的に組み込んでいくことができると思います。

七〇年代には、空間とは何か、建築とは何かという本質への問いが、すばらしい建築を生み出しました。重要な議論が重ねられ建築を発展させてきましたが、本質というものを確定する作業にはリアリティを感じられなくなりました。事物がネットワーク的に存在していると捉えるならば、そこには普遍的な価値や本質は確定できず、個別の事物のみがつながったりつながっていなかったりするだけです。本質論からこぼれた偶然性や身の回りのこと、それらはケースバイケースですが、その連関について考えて、構築することが大事だと思います。そこでいろいろな個別の問題に出会うことになると思うのですが、まず問題を見つけることが重要で、何ができ、何ができないのかを認識して開示することが社会を批評することにつながると思います。

## 記号論との接点

**能作**　トークセッションに先立ち、まず本日のタイトルについて説明したいと思います。一九七〇年以降、成長の限界や都市問題、環境問題が明らかになっていくにつれ、無限の成長を理想としていた近代主義建築は行き詰まることとなります。建築をどう考えるかがあらためて問われました。その状況のなかから坂本先生は著書の『建築に内在する言葉』（TOTO出版、二〇一一）では「日常でもない、非日常でもない、もうひとつの日常」と記したり、『多木浩二と建築』（長島明夫、二〇一三）のインタビューでは「アンチクライマックス」と表現したり、両義性や曖昧性のようなものを提示しています。それを私は近代主義建築とは違った枠組みを組み立てるなかでできた建築のエシックス、倫理として捉えたいと考えています。そこでまず、哲学者・國分功一郎[＊18]さんの「倫理学と住むこと」（『建築雑誌』二〇一四年一月号）の概要を紹介します。

ethicsはethosに由来している
第一　住み慣れた場所、故郷
第二　集団における慣習、慣行
第三　よい／わるいを定める道徳的な規範

## 倫理の根源に「住む」ことがある

## （建築の）エシックス倫理学とはそれぞれの人が、個々の具体的な環境のなかでどう生きるかを考えていくこと

國分さんは倫理に「住むこと」が含まれていると指摘しています。これを読んだときに、坂本先生の建築が思い浮かびました。坂本先生のアンチクライマックスや、AでもありAでもないという矛盾を包含していく建築に、倫理的な観点があるように思っていました。

先ほど坂本先生は、一九七〇年代は多木さんの影響が大きかったとおっしゃいました。多木さんは言語学を基盤とした記号論に影響を受けていますが、坂本先生の建築にも、その影響を与えたのではないかと考えています。多木さんとの対話で記号論的な思想を知っていくなかで、どのように建築に反映されたのか、その当時はどのように考えていたのでしょうか。

**坂本**　たしかに七〇年代には記号論やロラン・バルト［＊19］らの考え方から、新しい認識を得たという思いがありました。それ以前には、スイスのフェルディナン・ド・ソシュール［＊20］の言語論があり、次いでアメリカのチャールズ・サンダース・パース［＊21］とフランスのロラン・バルトがあり、どれに関心をもったかで記号論・記号学の捉え方が違っていまし

た。僕はソシュールを読んで大きな刺激を受けましたが、今はあまり覚えていません。言語の広がりは、言葉の対比・対立のなかで意味ができるということが印象的であり、人類学的な影響と重なって文化的な構造に関する認識が深まったように思います。

多木さんの建築に関する記号について論じたものは読んだ気がしますが、それを記号論として積極的に提示したことはないんじゃないかな。記号論というよりは現象学としてであり、新たな展開を生んだものではなかった。記号論自体を議論したことも記憶にないですね。長谷川さんは多木さんに近かったけれど、記憶にありますか。

**長谷川逸子**　多木さんは記号論に限らず幅広く語られるので、ひじょうにたくさんの論理を私たちの前で展開し、複数のことを語られる人でした。私も記号論として建築を切り取っていたわけではなかったと認識しています。

**能作**　建築の固有性という言葉は、記号論と関係しているのではないかと思ったのです。

**坂本**　あまり関係ないでしょう。繰り返しになりますが、当時は「建築の解体」や「何でも建築」と捉えて建築を広げ、日常化しようとしていました。そんな新しい建築の考え方が出てくる一方で、僕には本当にそうなのかという疑念もあった。多木さんも同様な考え方をもっていました。だから僕たちは、それまでの建築論を読み返してみる勉強会をかなりやりました。何が建築の中心なのか。どういうところに建築の概念を成立させる部分があるのか。記号論も歴史的な産物のひとつとして取り出して「建築の解体」の理論をみてみようとしたことは覚えています。当時影響が大きかったのは、記号論よりむしろ建築家の言説であり、磯崎さんやハンス・ホラインの言説はかなり大きな影響力をもっていたと思います。

## 多木浩二という存在感

**藤原徹平**［＊22］　本日のレクチャーから、内的なことに向かっていた七〇年代の冒険が、八〇年代には外部の世界を信頼するように変化したのがよくわかりました。坂本先生からランドスケープという言葉が出てきたことが、建築の信頼が外部のコンテクストへと移った証左というように私は考えています。また、理にかなった説明をひたすら重ねることでむしろ全体として合理でもなく非合理でもない世界観を構築しようとされている。そのあたりが坂本先生のエッジであり、いまだ冒険を続けている姿勢に大変に感銘を受けました。

一点お聞きしたい質問があります。建築の内部に現象としてどのように世界をつくることが可能なのか、多木さんとの議論が重要だったと思うのですが、覚えていることがありましたらうかがいたいです。私としては、そもそも美術批評家である多木さんが、なぜ建築の批評、しかも若手の建築作品に興味を抱いてくれたのかそのあたりが気になっています。それまでは建築批評は建築の歴史家や建築家がするのが一般的だったと思うのです。

**坂本**　それはいい質問ですね。多木さんは建築が自分の思考の中心だと言っていました。空間が好き、あるいは空間的な思考で考える人なのだと思います。社会的、物理的な意味を含めて、思考空間が建築空間的だったのではないかと思われるほどです。

**長谷川**　多木さんは東大で美学美術史を学び、本も出版していました。色彩やモノと美しさの思考から入ってきたのだと思います。大阪万博をめぐって篠原先生と大喧嘩になったこともありました。建築という空間から、いろいろな思考を広げようとしていたのだと思います。建築を見て、モノと人間のありようを考えていました。多木さんのなかで建築が重要な位置を占めていったのではないでしょうか。

## 建築空間と建築写真

**長谷川**　また、彼は建築の評論家であり写真家でもありました。私たち世代の建築作品を多く撮影しています。建築にとって写真の影響力はとても大きいのです。坂本さんの建築は、外と内とバーッと映した写真一枚あればいいんです。篠原先生もそうでしたし、初期の妹島和世［＊23］さんもそういうところがありました。撮影するとシンボリックな建築に見えるような建築の発表の仕方をしています。一方、私の建築は一枚では表せないんです。何枚も撮らないとならないような建築をつくってきました。

**坂本**　篠原先生は「いい空間は、写真一枚でいいんだよ」と言っていましたね。基本的に外部と内部、最低限その二枚で表現できるという考えです。僕らは基本的に、一枚の写真の中に世界が見出せるような建築でありたいと考えています。

**長谷川**　映画監督の篠田正浩さんを訪ね、篠原先生の作品をビデオに撮りたいから撮影方法を教えてくださいと頼んだことがあります。大学で実験し撮って先生に見せたところ、「こんなものは私の世界になりません」と怒られてしまったんです。ビデオはそれで止めました。一生懸命に研究したのに、拒否されてしまいました。ビデオに撮ると、違う質の建築をつくることになるんだと思いました。

**坂本**　空間のつくり方によって、動画的なものと静止画によって表現できるものの違いはあると思います。能作さんの「高岡のゲストハウス」は、屋根を動かす動画が撮れたことが決定的でした。物語性をそこに意識していることでもあります。物語性が空間を成立させる要因になるかどうか、それも含めて建築であるというのは、かなり大きな考え方の違いになっていると思います。

## 自然へのアプローチ

**能作**　ところで坂本先生の言葉のなかには、「環境」というキーワードが出てきますが、「自然」は出てきません。当時の建築家の多くは自然をメタファーとして捉えて建築に適応していました。しかし坂本先生は、じつは独特の自然観をおもちですがあまり言説にしてこなかった。自然と人工を区別しないで考えていたのではないかと思うのですが、自然に対してどういうアプローチだったのか、お聞かせください。

**坂本**　指摘されてたしかにそうだと気づきました。長谷川さんも、富永譲さんも、篠原先生も自然を言っていますが、僕はたしかに言わない。僕にとって自然とは状態であって、対象物として人工物との対比ではないからです。今の指摘で、自分は自然を対象化できない建築家なのだと思いました。対象物としての自然を使う考えは、僕の頭のなかにないです。その通りですね。

**能作**　ティモシー・モートン［＊24］は『Ecology without Nature（自然なきエコロジー）』の中で、「ホーリズムなきエコロジー」という言葉を使っています。これまで機械のように部品が集合して全体ができあがるという、加算的総和としての全体が考えられてきました。しかし生物の器官を集めて精密に組み合わせたとしても、そこには生命が生まれることはありません。生命においては部分の総和が全体になることはありません。ホーリズムとは、部分の加算的総和を超えて、有機的に全体を捉えようとすることです。七〇年代以降はホーリズムで建築の部分と全体を捉えるようになったのではないかと思います。例えば「南湖の家」には有機的な関係という言葉がでてきたり、家をひとつの有機的なものとして捉えられていたように思います。モートンはこのホーリズムを疑問視しております。ホーリズムなきエコロジーは、生命のメタファーで世界を捉えていくことに無理が生じている。もっとバラバラなものが並存していたり、たまたまつながっていたりして世界はできているのではないかということです。例えば「House SA」ではそれぞれのエレメントが必要に応じて配置され、バラバラなままつながっています。坂本先生の建築の流れのなかにも、自然観の飛躍があったのではないかと思ったのです。

**坂本**　直接の答えになっているかはわからないけれど、篠原先生と自然の風景の話をしたときに、僕は「ただきれいなだけの自然は、場として感銘を受けることはありません。そこに人工物が加わることによって、場ができたと感じます」と話したら、篠原先生からは「何もない自然こそ、自然なんだよ」と言われました。「そうですね」と納得しないまま、無理して同意していたことを思い出しました。

僕は対象物としての自然を意識しないんですね。建物があり、草木や山がある。そういう関係のなかでは場所のイメージはできるけれど、カメラマンが自然そのものだけを撮ったような風景としての自然に喚起されることはない。僕にとって自然は対象物ではないし、たんに連続した風景でしかないのです。

「南湖の家」と「House SA」の差もあるかもしれません。自然なものへの憧れはすごくあるけれど、それは連続したなかで捉えている気がします。「コモンシティ星田」では敷地全体の斜面をそのまま残したいと考えた。それは自然を残したいというより、ヒエラルキーのない、階層性のない世界を連続させたいと思ったからでしょう。

**長谷川**　坂本さんの留学先はスペインですよね。ローマをはじめとしたキリスト教の世界では、人工と自然はまったく二分されているので、それを一体にした論理は成立しません。建築を私のように「第二の自然」などと語るとものすごく批判された。その点では大いに修業させられました。坂本さんは、キリスト教社会の二分法がしっかりある人だと思っています。

**北山恒**　ヨーロッパの世界では、自然に対抗する概念として建築があります。一方、日本では自然と人工が連続していて、対抗するものではない建築というのもあるのではないかと僕は思っています。

**坂本**　僕にはそのように、建築が自然に対抗するという意識はありません。

## 篠原一男の住宅批評

**能作**　篠原先生は日本の伝統に着目されていましたが、坂本先生が七〇年代に建築を始めた当時、その日本の伝統というテーマはどのように議論されていたのでしょうか。

**坂本**　六〇年代は伝統論争があり、白井晟一[＊25]さんは「縄文的なるもの　江川氏旧韮山館について」という論考を著し、民家である伊豆の江川邸を評価しました。それまで評価されてきた桂離宮や伊勢神宮とは異なる異形として縄文的なものとし、前者は弥生的なものとして分けたのです。建築のあり方のルーツに対する論争が生じました。その相手となったのが丹下健三さんです。丹下さんの二枚梁なども日本の伝統を意識したものですが、真正面には出さなかった。当時の建築家たちは、ある種のオリジンな建築のあり方を求めていたのです。

篠原先生の伝統は、それとは直接かかわってはいません。東工大では、谷口吉郎[＊26]さん、清家さんと続き、「新日本調」といわれた文脈のなかに篠原先生はいました。社会的にはモダニズムが残りつつもぼやけた状態になり、建築の社会性が問われた時代でした。篠原先生は伝統のなかに自分の立脚点を見出そうとしていた。でも僕は学部の学生なりに、篠原先生の作品はアナクロニズム（時代錯誤）ではないかと思っていましたが、それはモダニズムに対して距離をとろうとしていたようにその後、思うようになりました。

**能作**　多木さんは、丹下さんには建築の都市的なものを感じるのに対し、篠原先生の建築には人間の実存を回復させるような空間と評価していました。坂本先生は「ニュートラルな場」が「心身を解放する」と所々に書かれています。この心身を解放することは、篠原先生の実存を回復させる部分と共通したところがあるのでしょうか。

**坂本**　丹下さんは、建築は都市まで含めた人々の生活の広がりであり、社会性がないような建物は建築ではないと考えていたと思います。篠原先生は空間へのこだわりが強い人でした。こだわることによって新しい空間を獲得していたし、しようともしていたのです。著書の『住宅論』（鹿島出版会、一九七〇）では「住まいというのは広ければ広いほどいい」とし、さらに敷地の形や環境、施主など「あらゆるものから自由であれ」と語っています。どちらも当時は反社会的とでも言える言葉です。それは、逆説的に発言することによってクリティークしていたのでしょう。多木さんはそういうスタンスに対する評価を篠原一男にしたのではないかと僕は思っています。

**塚本由晴**　坂本先生の「閉じた箱」と関連するものとして、それ以前に提唱された篠原先生の「非開放空間」についておうかがいしたいと思います。篠原先生はその「日本伝統論」において、寝殿造りを「開放的空間」、農家の土間の空間を「非開放的空間」と定義し、日本の空間はこの両者の対比と混合でできていると主張しています。「開放的空間」に対して「閉鎖的空間」としなかったのは、それがヨーロッパの石造りや組積造の建築を想像させるからと述べています。

この対比はその五年ぐらい前の「伝統論争」の読み直しになっています。丹下さんは部材の水平・垂直や、内から外に向けた開放性の高い寝殿造りと、農家の土間のような空間の二つの空間の系譜の交差に桂離宮を見出し、高く評価しました。これに対し、白井さんは江川邸の土間を出してきて、それを「縄文」由来とし、寝殿造りを「弥生」とした。戦後民主主義の「民衆」が建築の主役として登場した時代ですから、「弥生」・高床穀倉・寝殿造り・上流階級の系譜より、「縄文」・竪穴住居・民衆の系譜のほうが説得力をもった。五〇年代は高床、柱梁の構成を前面に押し出していた丹下健三の作品も、六〇年代になると壁勝ちの「縄文」的なものに変わっていきました。別の見方をすれば、その議論は日本が独立を取り戻したサンフランシスコ条約の直後ですから、日本建築のアイデンティティをどうするかが大問題だったわけで、近代建築への親近性をとるなら寝殿造り、稲作などの大陸の影響すら外すなら竪穴式穴式住居の流れをくむ民家の土間、という図式だった。

篠原先生は、こうした論争に暮らしの実践が入っていないと指摘しました。寝殿造りは客向けの空間であり、そこで煮炊きはしませんから白いまま。農家の土間は仕事もするし、火も焚くので真っ黒になる。前者には権力が、後者には生活が重ねられている。だから今、人々の生きることに向けて建築をつくるならば、民家のほうに可能性を感じると書かれています。住宅は文明批評をやるうえで、一番おもしろい建築種だと睨んだ発言です。丹下さんが活躍した施設型の建築は、日本を法治国家、近代社会にしていく装置であって、制度が要請するコンセプトが先行し、それに形を与えていくものです。それ対し住宅は、というか「家」は、近代以前からあるもので保守性が高い。だからこそ民族誌的連関に開かれているのであって、急速に進行する産業社会による事物連関の組み替えに対する批評の礎になるとみていたのではないでしょうか。ちなみに事物連関というのは能作さんが言っているネットワークと同じ意味です。

江川邸の巨大な土間は、農家の作業空間でありながら、小作を集めて会合を開く空間であり、代官だった地方武士の権力も投影されている。こうした貴族や武士の空間の属性と農家の空間の属性の重ね合わせに日本の空間の本質を見出し、だからそこに「私の様式」を重ねてもいいのだというのが篠原先生の主張です。対比をつくって衝突させるのです。そのやり方はその後も続きますが、対比によって取り組む相手を「道」や「都市」へと広げていきました。この篠原先生の方法に対する坂本先生の思いを聞かせてください。坂本先生の「閉じた箱」は、「非開放的空間」の言い換えなのでしょうか。その言い方の違いの背景をうかがえればと思います。

**坂本**　「閉じた箱」と言いだした頃、僕は環境問題が起きているから言ったのではないと発言しています。けれども近年、結局、無意識に社会のプレッシャーがかかっていたと考えるのが自然ではないかと思うようになりました(笑)。

当時は篠原先生の空間観のなかにどっぷり浸っているわけですから、まったく異なるものは出していません。言葉にしていなくても、空気は感じます。まず、篠原一男の住宅そのものから感じます。「土間の家」は初期の最も好きな住宅で、土間があり、閉鎖性よりも開放的な空間に見えました。僕はそちらのほうに篠原一男を見ようとしていたのです。五〇年代に清家清も開放的なおおらかなものをつくっていました。どうしても親近感をそちらのほうに、清家清的な開放性、清家清的な篠原一男スタイルに親近感を感じてしまうのです。

## 内と外の対比を考える

**塚本**　坂本先生の世代は篠原先生の「開放的空間」と「非開放的空間」の対比を、よりラディカルに「内と外」の対比へと還元し、その関係として建築の空間を再定義しようとされたと、私は見ています。どんな建築にも内と外はありますが、普通はそれこそ、ただ曖昧にあるだけです。

**坂本**　建築ではかならず、外形と内部という内外の対立ができてしまう。それに対してどういうスタンスをとるかということは大きな課題と考えます。ジークフリート・ギーディオン［＊27］の『空間 時間 建築』（一九四一／邦訳＝太田實訳、丸善、一九五五）に内外の相互貫入についての言説がありますが、そこに内外が一体化した空間の可能性についても述べています。つまり、一体化した空間がこれからの空間だと言っているわけですが、繰り返しますと建物をつくれば内部と外部で構成される。それをどういうふうに対応するかということが課題で、これをいかに操作するかということだと思います。

**塚本**　自分のやったことを批判しながら次のものをつくっていくのは住宅作家の特徴です。坂本先生の場合、内に閉じた箱で始めることで対比的に外形を意識するようになり、外形のなかでも最も寡黙な機能性記号体としての家型に寄り添うと、今度はその棟の統合性の強さを意識するようになり、架構を解体して部材間のヒエラルキーをなくしていきました。建築自身のオーダー（古典主義建築の構成法、あるいはテクトニクス）と、そのなかでの内と外の対比がつねに問題になることで、建築の自立性が探求されてきました。今はさらに進んで、ある種の方法をとると自立的な秩序が現象してしまうことを建築に内在するものとし、それが向き合う外在する条件を対比させつつも、どちらも他に対して先行することのないような両者の関係を探求されるようになった。次元は変わっても内と外の対比は残っています。

それに対して能作さんの試みは、そうではない対比軸をどうやったらもち込めるかという提案だと思います。ネットワークを問題にすると、内と外の対比はどうなるのでしょうか。何か別の対比軸があるのでしょうか。それとも次元がさらに変わるということなのか。

**能作**　建物の輪郭の内部と外部でなく、建築をつくるうえで、その部品がどういう資源からとっているかを違った軸で考えているのは確かです。

**塚本**　内在、外在ではない、さらにその外に出ると物質循環があるぞというのが能作さんの見ていることですよね。物質循環の世界まで出たときに、どうやったら意味を見出せるか。

どういう対比が先鋭化、問題化するのか。意味を生み出す象徴作用には対比が必要です。

**能作**　そこの答えを明確にできるのかまだわからないのですが、僕は坂本先生のニュートラルという言葉にとてもひっかかっています。建築をニュートラルにしようとするがゆえに、例えば合板を使わなければならなくなる。そこで思考が止まってしまうように思います。ニュートラルな建築をつくろうとするときには、合板はどのような資源からどのような過程を経てつくられているのかという想像をする必要もありません。そういう意味で、ニュートラルにしようとすることによって、その先のネットワークに対する視線を消しているのではないか。そこをなんとかつなげることはできないかと思っているのです。

**塚本**　産業社会に対する対応関係が、ますます問題になっています。篠原先生が産業社会に対峙したのとは違う問題が、これから大きく問題化していくと感じています。

## コモン批判の意図したこと

**能作**　東日本大震災以降、シェアやコミュニティが着目されるようになりました。共有の空間をどう捉えていますか。「コモンシティ星田」も連続した、コモンの空間だと思います。言説としては、共有スペースはつくらないほうがいいとおっしゃっている。コモンという考え方についてもお聞きしたいです。

**坂本**　東日本大震災は大変なことで、自分が生きているなかで最も大きな自然災害でしたが、われわれが知らない時代にも大きな災害はありました。それはともかく、この自然災害による物的な財の損失を越えて、人々が形成してきた社会、あるいはコミュニティが破壊され、それにより人心が失われ、その再起にコミュニティの復権が求められているという社会状況があると思います。このことが今の能作さんの指摘に表れていると思います。僕はヒエラルキーが階層化されることが嫌いなのです。ある種の共有は、ある括りをつくってしまいます。その括りによってものごとのあり方が異なる方向へもっていかれてしまう。それが好きになれない。その視点でかつてコモンスペース（共有空間）を批判しました。コモン（共）が、その名のもとに強い枠組みを形成してしまうからです。しかし、あるいはコモンスペースがより曖昧なもの、そもそもパブリックな場ならば、何も矛盾しません。そのようなコミュニティは社会的に有効であり、意味がある場合の方法として理解できます。

**能作**　七〇年代は限界や危機的な問題が生じ、何かを回復しなければならない状態だったと思います。坂本先生のニュートラルな空間が心身を回復するという視点は、実存を回復するのと重なってみえます。僕はどちらかというと個人が切り離されすぎて、今回復しなければならないのはネットワーク、つながりのほうなのではないかというのが建築をつくるうえで考えていることです。何を回復させるのかが違ってきていると思います。

**塚本**　能作さんは資源に対するアクセシビリティからコモンを再構築しようと議論しているのだと思います。

**坂本**　今お話ししたように、時代的にはその通りでしょうね。でも、ブツブツに切れた状態で幸福なことこそユートピアなんです。現実には、そんなことはありえないわけだから。強い制度や規制があるとバラバラになれないわけですね。そういうことに建築空間もなりかねない。それは楽しくないと思うのです。バラバラであったほうが楽しい。ある種の可能性の大きい、自由なあり方をすることによって、感覚的にも精神的にも自由さを獲得できる。それがユートピアだと思うのです。

ある形式が確立することによって、ものが落ち着いた形で成立する。でも、そういうものを外させることによって、自由なものになる。形式はないと成り立たないけれど、それが逆に拘束をつくるという矛盾したものがあるのです。それを外したいという思いは、つねにもっている気がします。

**塚本**　建築のつくり方としては、バラバラな状態はかなり理想に近いですよね。そこにいる人たちに強制力があるのではなく、自由に動けます。建築としてはいいのですが、そのコンテクストを外すと、同時に人間もバラバラのほうがよいと聞こえてしまい、若い人たちは違和感を抱くのです。人々がバラバラにされるという文脈だと感じてしまう。

一方、坂本先生のコモンに対する拒否感は、的を射た批評だと思っています。僕の研究室で『アトリエ・ワン　コモナリティーズ――ふるまいの生産』(LIXIL出版、二〇一四)という本を出版したのですが、ここでコモンではなくあえてコモナリティーズという新しい言葉を使ったきっかけが、坂本先生によるコモンの否定でした。

エントロピー学派の経済学者のロジックでは、プライベート、パブリック、コモンの順ですが、建築に携わる人はプライベートとパブリックのあいだにコモンがある。集合住宅のつくりによりそう教わっているのです。そのパブリック、コモン、プライベートという順列が坂本先生には耐えられないのではないかと感じています。

「コモンシティ星田」は、北向き斜面にひな壇造成という産業社会的なやり方を避けてスロープ造成と、南側があがる半ヴォールトによる採光の確保により、地形に沿った連続的な街並みをつくりました。その姿は伝統的な集落にみる、少しずつ差異を含みながら、同一の形式が反復されていくのとほとんど同じ図式で、とても共有性があります。

集落での共有性は、身の回りの資源、つまり自然の利用権の平等性で、斜面や太陽への等しいアクセシビリティを設けるとしたらどのような形式がいいか。それが「コモンシティ星田」の形式だったと考えます。これが長谷川さんの言う「第二の自然」と同様の視点なのではないでしょうか。自然という第一の自然ではなく、いろいろな人々が関わっていくときにできあがっていく「型」にも、自然由来のものがあると長谷川さんは言っています。

**北山**　パブリック、コモンの話はひじょうに興味深いですね。坂本さんのパブリックの概念はリベラリズムで、ある種純粋な公共性だと僕は感じました。ハンナ・アーレント［＊28］が言っているパブリックとも重なります。公正で、人間が自由になる、誰にでも開かれたアクセス可能な空間であり、排除されないというものがパブリックで、近代と密接につながっていました。本来は、より市場性を担保するようなシステムだったと思っています。しかし、パブリックとプライベートの抗争のなかでコモンは弱体化し、マーケットのメカニズムのなかで必要とされなくなりました。

**塚本**　いや、僕はそうは思いません。コモンを資源にして商売をしたのがパブリックや産業だと考えます。消費者を増やし、プライベートを大きくしてきました。実際に人々を拘束する力を発動させるには、いったん人々をバラバラにしないといけない。それこそが近代がとった方法であり、コモンを喰って弱体化させた図式だと僕は考えています。

**北山**　塚本さんが使い始めたコモナリティーズという言葉がとてもよいと思うのは、実体ではない概念存在だということです。コモンは実体としてのものがあり、資源であること、それを分割して喰いとってしまったのがパブリックだと思います。コモナリティーズは、所有が不明快なままでも存在できる「共」だと思うんですね。そういう意味でコモナリティーズという言葉を使われたのは発明だと思うし、坂本さんとのあいだでコモン論争があってコモナリティーズとなったと聞き、すごいことだと感じました。

これまでの話を相対化して切り分けていくような論理になると思うけれど、もう一度合一して、次のレベルの世界にどうやってもち込むか。それが今、僕たちがやるべきことなのではないでしょうか。バラバラになっている社会状況と、産業資本主義が人間を孤立化させているのを強制的に合一させるのではない、もうひとつ別のコモナリティーズというのがあるのではないかと思います。

**坂本**　塚本さん、北山さんの言うことはよくわかりますが、それはある種の人間存在に対するイデオロギーの問題だと思うのです。行きすぎたイデオロギーに強制力を感じて、それに対しての距離が重要だと思っています。塚本さんはそれから逃れることはできないと言います。僕はそれに関わりたくないと感じているのです（笑）。

**塚本**　イデオロギーは、どの時代を生きたかによっても異なりますね。私はバブル崩壊後に仕事を始めたので、産業社会に対してさほど楽しい思いを抱いていません。けれどもそこにかかわらないと、新しい建築は切り開けないと思っています。なぜなら、建築論のなかに産業を抑制するというファクターを入れなければならないような状況にまで来ているからです。それを産業の内部にいる者が言わなければならなくなっています。そのときに建築論はどうなるかというのが大きな問題と捉えています。

**坂本**　そうでしょうね、能作さんの話を聞いていると実感します。

**能作**　建築は、より広い問題に向き合わざるをえない状況に来ています。本日のセッションは、七〇年代の住宅のあり方から現在まで、建築とそれを取り巻く社会を俯瞰できた議論と感じました。産業革命以降の成長という考え方に対して疑いをもち始めたのが七〇年代だと思います。近代建築理論ではどうしても解けない問題がでてきました。現代の状況を見ますとより深刻化しているのではないかとさえ思います。特に今回議論にあがっていた産業社会、コモン、自然資源への姿勢が変化しているのではないかと感じました。坂本先生が「バラバラな状態」をある種のユートピアであると言われました。これは空間構造にヒエラルキーがなく、フラットな状態として捉えることができます。しかしバラバラな状態は、個人が拠り所もなく、つながりもなく浮遊した状態としても捉えられます。それは人と人のつながりだけでなく、人とモノ、環境とのつながりも指すと私は捉えています。この拠り所やつながりの欠如に対して、どのような建築が考えられるかが問われているように思います。

〔編註〕

＊1　清家清（一九一八〜二〇〇五）建築家。戦後日本の住宅設計を牽引。代表作に「久が原の家」「森博士邸」など。東工大で教鞭を執り、林雅子、林昌二、篠原一男ら多くの建築家を育てる。

＊2　池辺陽（一九二〇〜七九）建築家。住宅の工業化を提唱。代表作に「立体最小限住宅」など。「住宅は狭ければ狭いほどいい」と述べ、篠原一男と論争を繰り広げた。

＊3　増沢洵（一九二五〜九〇）建築家。自邸「吹き抜けのある家─最小限住宅」（九坪ハウス）で狭小住宅を設計。代表作はほかに「コアのあるH氏の住まい」「成城学園」など。

＊4　ARCHITEXT 一九七一年頃、同世代の建築家が独自の建築をめざし結成したグループ。機関誌を発行するなど活動した。メンバーは相田武文、東孝光、鈴木恂、竹山実、宮脇檀。

＊5　東孝光（一九三三〜二〇一五）建築家。内外壁がコンクリート打ち放しの敷地六坪の自邸「塔の家」は都市型住宅の先駆けとされる。代表作はほかに「兵庫県立大学書写紀念館」など。

＊6　鈴木恂（一九三五〜）建築家。一九六〇年代よりコンクリート打ち放しを追求したことで知られる。代表作に「STUDIO EBIS」「GAギャラリー」「マニン・ビル」など。

＊7　宮脇檀（一九三六〜九八）建築家、エッセイスト。箱型構造と木の架構を組み合わせたボックスシリーズで知られる。代表作に「松川ボックス」「秋田相互銀行盛岡支店」など。

＊8　竹山実（一九三四〜）建築家。アメリカ、デンマークで活動後帰国。ポストモダンの旗手としても知られる。代表作に「一番館」「二番館」「SHIBUYA 109」「晴海客船ターミナル」など。

＊9　山下和正（一九三七～）建築家。商業施設、店舗用ビルの設計に定評がある。代表作に「フロムファーストビル」「警視庁築地署数寄屋橋交番」「小山田団地」など。

＊10　ロバート・ヴェンチューリ（一九二五～）アメリカの建築家、建築理論家。ポストモダンを提唱、著作で現代建築に多大な影響を与える。代表作に「シアトル美術館」など。

＊11　グレー派　一九七〇年代にヴィンセント・スカーリーの理論を軸に、ヴェンチューリ、グレイヴスらが展開。コンテクストを意識しながら伝統的様式を取り込むことを唱導した。

＊12　ピーター・アイゼンマン（一九三二～）アメリカの建築家、建築批評家。モダニズムの箱を解体する脱構築を提唱。論客としても名高い。代表作に「ホロコースト記念碑」など。

＊13　ホワイト派　アイゼンマン、グレイヴス、ヘイダックら五名のニューヨークの建築家のことで、ル・コルビュジエの「白の時代」より命名。対峙するグレー派が生まれ、論争に。

＊14　ハンス・ホライン（一九三四～二〇一四）オーストリアの建築家。六八年、近代の終焉として「すべては建築である」と宣言、新しい建築を説いた。代表作に「ハース・ハウス」など。

＊15　建築の解体　雑誌『美術手帖』に寄せた磯崎新の連載（一九六九～七三）をまとめ、刊行（美術出版社、一九七五）。多様化する建築の概念を解説し、七〇年代の建築家に多大な影響を与えた。

＊16　ブルーノ・ラトゥール（一九四七～）フランスの社会学者、科学人類学者。人とモノを同位のアクターと位置づけ、相互関係で事象を説明する独自の理論を創始した。

＊17　アトリエ・ワン　一九九二年に塚本由晴（一九六五～）と貝島桃代（一九六九～）が結成した建築家ユニット。代表作に「アニ・ハウス」「ミニハウス」など。フィールドワークを行ない著書も多い。

＊18　國分功一郎（一九七四～）哲学者。17世紀哲学、現代フランス哲学を研究する。著書に『スピノザの方法』（みすず書房、二〇一一）、『暇と退屈の倫理学』（朝日出版社、二〇一一）、『ドゥルーズの哲学原理』（岩波書店、二〇一三）など。

＊19　ロラン・バルト（一九一五～八〇）フランスの哲学者、批評家。二〇世紀を代表する思想家。主に記号学や構

造主義でのテクスト解読を追求。著作に『物語の構造分析』(一九六六/邦訳=花輪光訳、みすず書房、一九七九)など。

＊20　フェルディナン・ド・ソシュール(一八五七〜一九一三)スイスの言語学者、言語哲学者。同時代の言語への共時的な研究で近代言語学の礎を築く。著作に『一般言語学講義』(一九一六/邦訳[改版]=小林英夫訳、岩波書店、一九四〇)など。

＊21　チャールズ・サンダース・パース(一八三九〜一九一四)アメリカの哲学者、論理学者、数学者、科学者。ダーウィンの進化論の影響を受けたプラグマティズム(実用主義)の先駆者。

＊22　藤原徹平(一九七五〜)建築家。隈研吾建築都市設計を経て独立。代表作に「グリデカナ青山店内装」「上馬M」など。

＊23　妹島和世(一九五六〜)建築家。伊東豊雄に師事。現在SANAAを西沢立衛と共同経営する。代表作に「再春館製薬女子寮」、SANAAで「金沢21世紀美術館」「ルーヴル・ランス」など。

＊24　ティモシー・モートン(一九六八〜)イギリスの思想家。エコロジーの概念を刷新した環境哲学で注目される。著書に『Ecology without Nature』(Harvard University Press、二〇〇七)、『The Ecological Thought』(Harvard University Press、二〇一〇)など。

＊25　白井晟一(一九〇五〜八三)建築家。ドイツ哲学の観念的世界を造形に生かした作品で知られる。代表作に「原爆堂計画(案)」「ノアビル」「親和銀行本店」「松濤美術館」など。

＊26　谷口吉郎(一九〇四〜一九七九)建築家。近代建築の巨匠。建築を保存する「博物館明治村」の開館にも尽力。代表作に「千鳥ヶ淵戦没者墓苑」「東宮御所」「東京国立博物館東洋館」など。

＊27　ジークフリード・ギーディオン(一八八八〜一九六八)スイスの建築史家、評論家。古代から近代に至る建築の変化を大著『空間 時間 建築』にまとめる。

＊28　ハンナ・アーレント(一九〇六〜七五)ドイツの政治哲学者、思想家。ユダヤ系の出身でドイツからアメリカに亡命。全体主義を生みだす大衆の分析で知られる。

レクチャー

4

長谷川逸子×大熊克和

# 第二の自然としての建築とアジアの建築

長谷川逸子さんは、自身の原体験を基に、西欧と日本、自然、アジア、公共など、大きな概念から自らの建築論を組み立てられた。西欧の自然観が人為に対抗するものであるのに対し、長谷川さんの自然観は人為を包摂するものとして、空間から建築の存在まで関与していること、また「湘南台文化センター」のプロジェクトではいち早く市民の自主的な参加を促す公共空間を提案され、六〇年代までの「官」がコントロールする公共ではない、現代につながる共有という概念を打ち出されたことなど、建築的冒険が語られた。長谷川さんの事務所出身の大熊克和さんは、アジアの現場で、自然を包摂する建築をつくろうと格闘する様子を報告してくれた。それは西欧と対抗するアジアではない、自立するアジアという地域性につながっているのではないか。

■北山恒

レクチャー
長谷川逸子

# インクルーシブな建築空間と自然

## 原体験から発生する建築

これまでの連続レクチャーのなかで、私と同世代の人たちは七〇年代から、個人の体験に根ざした感性を、建築として表現していったという話をうかがいました。私も同じように、六〇年代頃から「個人」を強く意識していましたし、当時ヨーロッパ旅行で出会った現地の若い建築家も、同じような感覚をもっていると感じました。思い返すと、そのときから七〇年代は組織や運動体ではなく「個」としての活動が主流になるだろうと予感していたのでしょう。

レクチャーのタイトルにある「第二の自然としての建築」というコンセプトは、初めて公共建築を手がけた「湘南台文化センター」のとき以来、私が最も大切にしてきたテーマです。自然がもつ快適さ、複雑さ、ゆらぎ、そうした人の感性に働きかけるような力を建築に取り込んでいくにはどうすればいいのか、そのことをずっと考えてきました。

私にとっての自然の原点は、生まれ育った静岡の焼津の海と色彩豊かな花々にあります。母がお寺育ちだったこともあり、仏教的な教えを受けながら伝統的な町家で育ちました。四季折々の年中行事も欠かしたことはありません。なかでも「浜行き」は焼津でとても大事にされていた行事で、黒潮が流れてくる春先に、市民みんながおしゃれをして暖かくなった海辺に行って、黒い水が流れてくる幻想的な光景を拝むんです。そうした海面に浮かぶ光の粒や風と波がたわむれる様子をながめ、海の空間の快適さを体で感じながら幼少期を過ごしました。その美しい光景がいつも私の脳裏に刻まれています。

もうひとつは、日本画をたしなんでいた母の影響です。着物や洋服の柄も自分で描くような人で、花の絵を描きに出かける母にたびたびついて行っては、美しい花々を目にしていました。床の間には、複製だと思いますが速水御舟の「修学院図（洛北修学院村）」が時折かかっていて、それを見ながら母は「風景だけでなく建物があって、働く人がいて、人も住宅も山も空も、全部重層して描かれている。こういうものを絵画というのだ」と説いてくれたのを覚えています。私が自然というテーマを、海や草花だけでなく人や建物も含めた空間として捉えるようになったのは、この母の教えがあったからかもしれません。

私自身も絵を描くことが好きで、高校生になると、草や土、石や鉱物などをモチーフにした抽象画の油絵を描いていました。けれども、高松次郎さんら「ネオ・ダダ」[＊1]と呼ばれる活動に新しい時代の到来を感じて、このまま絵をやるのは無理かもしれないと思ったのです。それで、もうひとつの夢だった建築の道に進むことにしました。

## 菊竹清訓の教え「空間は機能をすてる」

大学卒業後は、菊竹清訓建築設計事務所に入りました。きっかけは、大学三年生のとき、菊竹先生から「国立京都国際会館」のコンペの手伝いに呼ばれたことでした。そのお礼にと、ご自宅の「スカイハウス」に招待されたのですが、このモダンな住宅が、久留米の豪農だったご実家の広間を参考に、伝統的な民家のスケールを導入してつくられたと知ってとても驚きました。スカイハウスは一九五八年の竣工ですから、ちょうど日本で伝統論争[＊2]が繰り広げられていた頃の建築です。このとき私は「民家の建築も伝統の先に進めるのではないか」という感覚をもちました。そして四年生になると、今度は「浅川テラスハウス」の設計を手伝わせてもらいました。こうした縁で、卒業後は菊竹事務所に就職することになったのです。

菊竹さんから学んだことのなかで、最も影響を受けたのは「空間は機能をすてる」[＊3]という言葉です。モダニズム建築は、ルイス・サリヴァン[＊4]が「形態は機能に従う」と唱えたように、機能優先で空間をつくってきました。それに対して菊竹さんは、機能を捨てることによって自由を獲得すると考えていました。機能は時の経過とともに変化するので、空間は刻々と変化する機能を受容して、長い時間を超えて持続しなければいけない、という概念です。私がつねに「機能」より「時間」に耐えられるロング・デュレーションの空間をつくろうと意識しているのは、この菊竹さんの言葉が、ずっと頭に残っていたからかもしれません。

実際、これまでにつくった建築は、小住宅も公共施設もそのまま使われ続けています。なかにはリフォームが行き届いていない施設もありますが、それでも市民は喜んで使ってくれるので、今でも稼働率が高いのです。ですから、どんなにローコストであっても、時間を超えて長く使われる建築をつくりたいという思いをもち続けています。

## 篠原研時代に得た「ガランドウ」の概念

一九六八年になると菊竹事務所を退社して、東京工業大学の篠原一男研究室に入りました。学生時代から住宅設計をしたかったのですが、菊竹事務所は大規模な公共建築の仕事が多く、住宅を手がける機会がありませんでした。そんなときに雑誌で篠原さんの「白の家」[＊5]を見て、「スカイハウス」と同じように「伝統の先にある空間」「抽象の自然」をつくれるのではないかと感じたのです。篠原さんが『住宅建築』(紀伊國屋書店、一九六四)に書かれた「民家はきのこ」[＊6]という言葉にもひじょうに感銘を受けました。ここに書かれていることを体験してから篠原研究室に行くべきだと思って、研究室にはほとんど行かず、二年かけて青森から沖縄まで一人で民家を見て歩きました。

篠原一男「白の家」1966年

訪れた先では、お祭りに招かれたり、おいしいものを食べさせてもらったりしながら、日本の地方の豊かさを体験しました。そこで実感したのは、民家が菊竹さんの「空間は機能をすてる」と言わんばかりの「ガランドウ」だということでした。町家と違って土間のように外の生活を取り込んだ豊かな空間があって、家の中は包まれながらも開かれている感じがするのです。こうした経験を通じて、「白の家」のような伝統と民家の先にある建築、抽象の自然をどうしたらつくれるのか、ということを課題にして篠原研究室に入っていきました。

当時の篠原研究室では、『美術手帖』に連載していた磯崎新さんの「建築の解体」（美術出版社、一九七五）が載るたびに、みんなで一緒に読んで議論していました。磯崎さんも多木浩二さんもよく研究室にいらしていましたね。多木さんと初めてお会いしたのは、民家めぐりを終えたばかりの頃、「未完の家」の撮影を手伝いに行ったときです。多木さんは生活の匂いを感じるものを全部切り捨てて、空間を抽象的に撮っていましたが、私はこれまでの篠原作品とはまったく違う、コンクリートの塊のような住宅を見て戸惑っていました。

篠原さんは、この作品以降、新しい機能空間を見出そうとコンクリート建築をつくるようになりました。そして「亀裂の間から新しい機能空間が生まれた」とか「空間の機械」といった言葉を使いながら、私が好きだった「土間の家」や「大屋根の家」とはどんどん違う方向に向かっていったのです。また、篠原さんと菊竹さんと私の三人でお酒を飲みながら議論したときには、同じ伝統をテーマにしてきた二人の言葉がまったく噛み合わない様子を目の当たりにしました。菊竹さんは、六〇年代の伝統論をベースにした日本的な空間論をもっている。篠原さんは、伝統建築の研究に加えて七〇年代に入ると西欧空間論の研究を始め、日本では西欧的な空間論を構築することはできないと考え始めていた。だから菊竹さんの考えは単純だと否定するわけです。篠原さんが語る機能空間についてもめていました。おそらく篠原さんは、ヨーロッパの空間は日本の空間とは違うと言いつつも、それを超えるための論理と建築を模索していたのだと思います。

## 包括的な場を生む距離・空間・ディテール

七〇年代の中頃になると、私は夢中で住宅をつくり始めます。その際にテーマにしたのが「長い距離」と「ガランドウ」です。時とともに変化する住み手の生活に柔軟に対応できる場をつくるには、できるだけ空間を機能で分断せずに連続性をもたせ、「余白」を生み出すことが必要だと気づきました。そのときに生まれたのが、この二つのテーマでした。これは、「焼津の住宅1」をつくったときに掲載した文章の一節です。

長い距離——もし長さの中に空白ができるほど十分な距離があったら、分離作用によってそこにあるものの厚みを奪い、意味を停止させる関係が生じてこないだろうか。より長い距離は空白ができることでものを透明にし、分離することでもののあり方をリアルにするひとつの用意になると考えた。

（『新建築』一九七二年八月号）

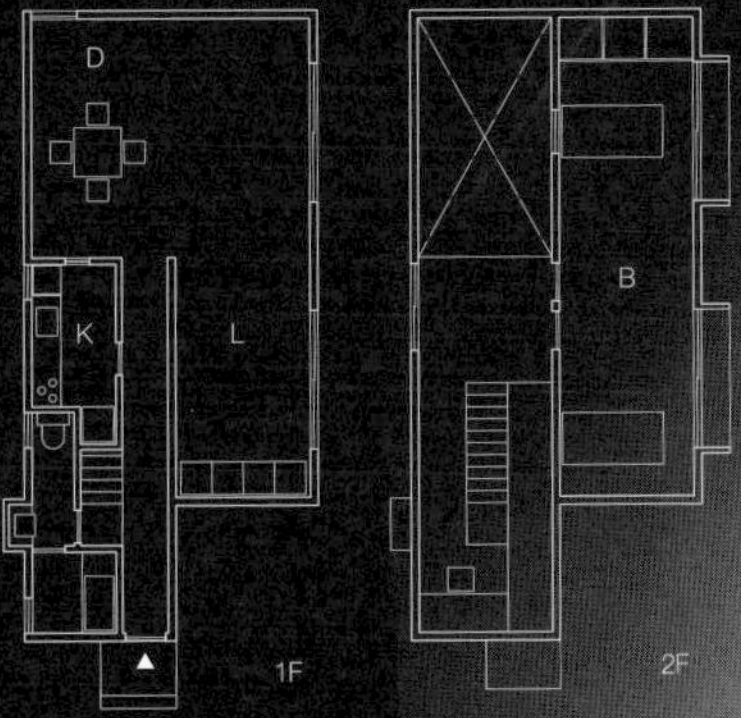


「焼津の住宅1」1972年

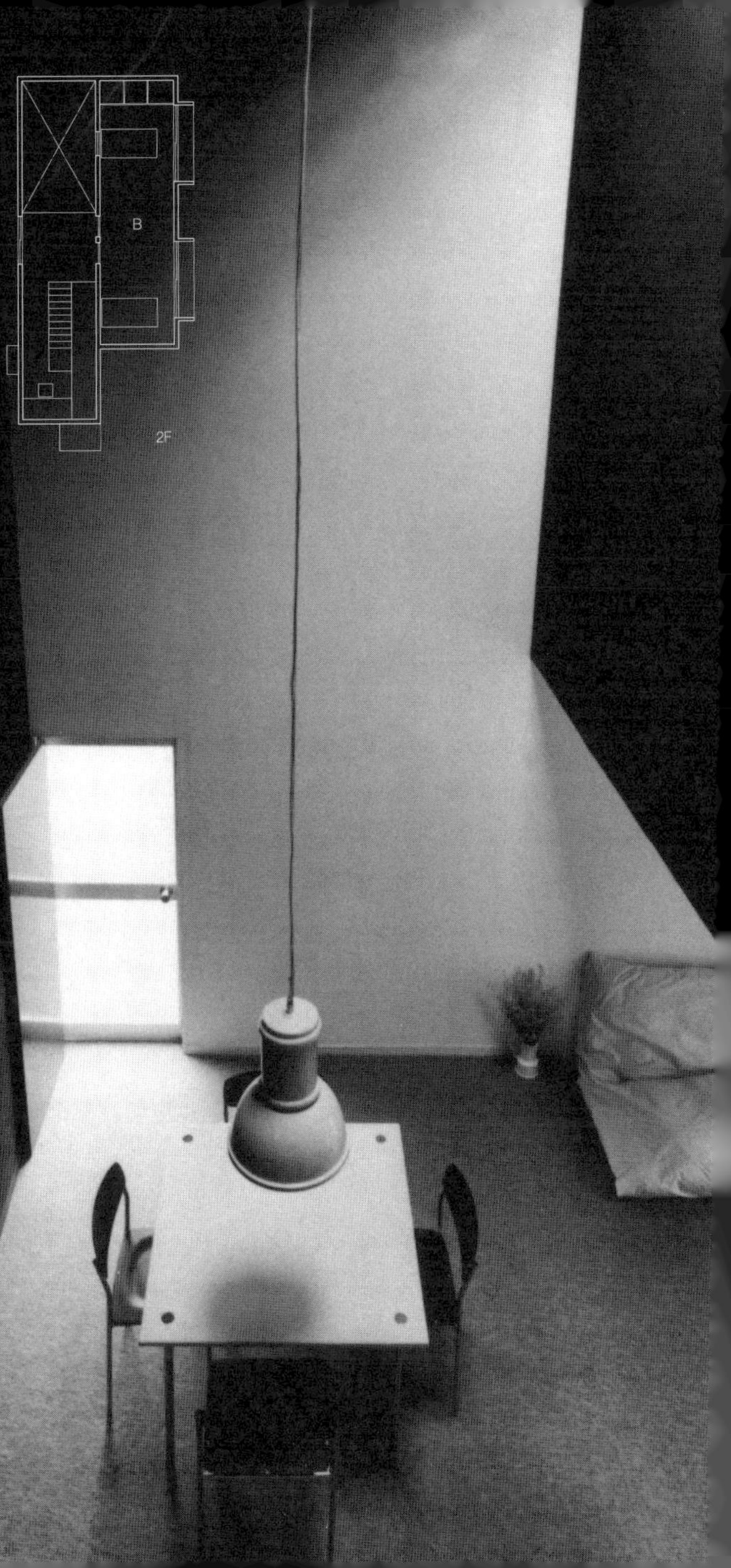

「緑が丘の住宅」1975年

この頃の私は、篠原さんが「民家はきのこ」の概念を捨てて機能主義の方向に進むことに共感できず、かといってかつての伝統論に戻ることもできないので、建築家としてどういう立ち位置にいればいいのか、何をすればいいのか模索していました。そこで、長い距離やスケール、場や領域の問題、ガランドウの概念を文章にまとめ、当時交流のあった東工大の数学科の人たちに読んでもらい、意見を聞きながら自分の建築理論を組み立てていきました。また、篠原研究室でも「ガランドウという〝空〟を中心にすると、対立するものがなくなり共存を許す」という仏教的な理念を発表したのですが、篠原さんや坂本一成さんから「建築をつくるリアリティがない、建築の理論でもない」と批判されて家に引きこもったこともあります。けれども、私は自分が信じるテーマで設計した住宅を次々とつくることで、自らの建築を確立しようと決意しました。そして平日は研究室で働き、休日や夏休みの期間を使って一〇戸ほどの住宅を手がけ、一九八〇年に独立しました。

　初期の頃に手がけた小住宅は、斜めの壁や対角線を使いながら、小さな平面に物理的な「長い距離」をどう生み出し、連続性をもたせるかということに重点を置いていました。例えば、「焼津の住宅1」では、奥行きの深い平面の真ん中に壁を入れることで長い距離をつくり出し、「緑が丘の住宅」では、斜めの壁を使って連続性のある四つの領域を設けました。このように、限られたスペースにいろいろなかたちの距離を生み出すことによって、人、モノ、コトの多彩な関係性を創出しようとしたのです。

　「ガランドウ」の概念も、めざすところは「長い距離」と同じです。クライアントの普通の生活を取り込むためには、空間に機能を詰め込むのではなく、あえてヴォイドにしておく。すると、何十年と暮らすうちに生活が変わっても、この余白を使ってフレキシブルに対応することができます。こうした時間の経過をおおらかに受けとめる「インクルーシブな場」を総称してガランドウと表現しています。

　独立した一九八〇年に竣工した「松山・桑原の住宅」は、私が

「松山・桑原の住宅」1980年

初めてパンチングメタルを使用した建築です。クライアントの経営する会社が金属などの建材を扱っていたので、パンチングメタルやステンレスメッシュの透過性を活かし、薄い皮膜に包まれたようなガランドウをつくりました。竣工当時は、金属質の固さが目立ちましたが、ガーデニングを学ばれた家主の夫人が手間をかけて庭をつくり、今では家の中も外も植物に満たされた美しい庭園空間になっています。このように、機能で埋めつくされていないガランドウには、住む人が時間をかけて肉付けしていく余白が残されています。引渡し時には未完成ともいえる余白が、建築を自分たちの手で仕上げたいという気持ちにつながり、時間が経つほど生き生きとしてくるのです。

独立後はこのような大きな家をつくることが増えましたが、規模の大小にかかわらず、日本人としての生活が快適に送れるディテールを考えながら、住宅の質を追求してきました。ディテールというものはひじょうに重要で、納まり方ひとつでその家の空間の質が変わります。篠原研究室にいたときも、枠のない扉をつくるためのディテールや、巾木のないディテール、目地のない天井の納まりなどをたくさん設計してきました。民家の調査をしているときにもディテールのなかに生活が見える気がしたので、住宅に限らず公共建築においてもディテールづくりには力を注いでいます。

「湘南台文化センター」1990年

## 「第二の自然としての建築」の誕生

「第二の自然としての建築」というコンセプトを最初に掲げたのは、一九八六年のコンペで勝ち取った「湘南台文化センター」です。これは、私が初めて手がけた公共建築で、もとの敷地は区画整理されたフラットな原っぱでした。区画整理される以前には丘があって、子どもたちが昆虫採集をしたり、お祭りをしたり、都市農園をつくったりしながら、自然との関係性を築く場として使われていたそうです。このことを知ったとき、もう一度その丘を取り戻したいと思いました。それは、たんに建物を自然の様相に近づけるだけでなく、かつての丘に存在していた市民の活動を、公共空間の中に丸ごとよみがえらせるということです。そこで、建物のほとんどを地

同、プラザとせせらぎ

「湘南台文化センター」パンチングメタルの日除け

下に埋めて丘のような環境をつくり、その丘の上に三角の小屋根、パンチングメタルの雲や樹々などが存在する。そんな構成にして、「地形としての建築」「新しい自然の建築」を生み出そうとしました。それを「第二の自然としての建築」という言葉で表現したのです。

じつはこの言葉は、市民との対話のなかから生まれてきた言葉なんです。一般の人たちにわかりやすい言葉を選びながらコンセプトを説明するなかで、一番理解してもらえたのが「第二の自然」という言葉だったのには驚きました。地域性もあるのでしょうが、意識の高い市民だったのだと思います。

このコンペのテーマは「開かれた公共空間」でした。それまでの権威の象徴のようなものではない新しい公共建築がつくれると期待して、私たちの世代は大勢このコンペに参加しました。施設の中身は、公民館、子ども館、市民劇場など、地域の人々と密着したものです。私は住宅設計で取り組んでいたガランドウのコンセプトを、建築の内部ではなく外部に展開することにしました。そこで、建物の大半を地中に埋め込むことによって、地面が隣の公園から連続する「原っぱのような空間」をつくることにしたのです。私が子どもの頃の「原っぱ」は、人々が集ったり、自分たちで道具を持ち込んで工夫しながら遊んだりできる自由な空間でした。そこには公共建築が本来もつべき公共性に通じるものがあると思いました。それで、権威的なモダニズム建築とは一線を画した、私が幼い頃から親しんできた空間、その快適さをよみがえらせようとしたのです。今思い起こすと「近代を超える＝ポストモダン」というよりは、近代の前に回帰したいという気持ちに近かったような気がします。

## 市民参加の設計プロセス

開かれた公共空間とは、たくさんの人が集まり、いろいろな活動を行なうことで成立するので、建物という箱をつくるだけでは意味がありません。それを実現するには、使う人の多様な要望を受け入れると同時に、空間を自由に使ってもらうために市民の方々に建築を理解してもらう必要がありました。そこで、公共施設をよく利用する子どもや大人、市民活動の運営管理などのボランティアの方々との意見交換会やワークショップを通して、いろいろな立場の人の話を聞きながら設計を進めることにしました。初めは建物のほとんどが地下にあることや、それまでの公共施設のような立派な建築とは違うことに対し、市民から相当な反発がありました。そんなときに「かつての丘を継承する第二の自然としての建築なのだ」と説明したら、ふっとみんなが受け入れてくれたのです。

建築と植物の一体化や、市民参加型の設計プロセスなど、今では当たり前のことですが、当時はなかなか理解してもらえず、竣工後はあらゆる方面から批判されました。ワークショップをやると、著名な建築家からは「公共建築は権威をもってつくるべきで、ポピュリズムをもち込んで低級化すべきでない」と指摘されたこともあります。また、多木さんとの対談（『ＳＤ』一九九一年一月号）では、都市化とは反対方向のローカリティを掘り下げた真意が伝わらず、第二の自然という言葉に対しても「使い古されてきた概念」と批評されました。

その後、この記事の翻訳を読んだカリフォルニア大学の人たちが、なぜ多木さんが市民参加を受け入れなかったのか、これからは世界中でそういうことを行なったほうがいい、とわざわざ話を聞きに来てくれたことがありました。イギリスやフランスでも評価され、レクチャーやコンペに招待されることが増えたのですが、日本ではなかなか認めてもらえなかったのです。

そんななか、国内で評価してくれたのが丹下健三さんでした。「私が手がけた公共建築は、新しいビルディングの形をつくることが多かったけれども、これからの時代は、こういう公園のように開かれた公共建築が求められるだろうから、がんばりなさい」とおっしゃって、その後、ハーバード大学の客員教授にも推薦していただきました。都庁が建った頃のことでしたから、丹下さんも新しい公共の場というものを模索していたのかもしれません。

## ランドスケープ・アーキテクチャー

公共建築のように広い敷地をもった建築を手がけるときは、自然を織り込んだタペストリーのような都市に生まれ変わらせることを意識しています。かつての江戸のように、木々の中に武家屋敷の瓦屋根が浮いているような自然と共生した都市は、さぞかし気持ちいいだろうなと。このイメージを「ランドスケープ・アーキテクチャー」と名付けて、

「新潟市民芸術文化会館」1998年

建築と周辺の環境を一体化しようとしてきました。

そのひとつの例が、一九九五年にコンペが行なわれた「新潟市民芸術文化会館」というコンサートホール、劇場、能楽堂などを備えた大規模な文化施設です。敷地内にある県民会館や体育館などの各施設と、隣接する白山公園をブリッジでつないで敷地全体を緑化し、さらに建物の屋上と周りの施設を取り巻くように七つの空中庭園をつくる。こうして、かつて信濃川にあった「浮島」を再現することで、周辺一帯がグリーンになるランドスケープを生み出しました。

新潟には屋外で行なうさまざまな伝統芸能が残っているので、それを浮島の風景のなかで演じてほしかったのですが、それは実現できませんでした。伝統芸能にはそれぞれ歴史的に大事にされている場があって、そう簡単に新しい場で行なえるものではないそうです。けれども、浮島は公園としてよく利用されていますし、コンサートホールや劇場の利用率もとても高い。これは、湘南台文化センター以上に時間をかけて、市民との対話をしながら設計に工夫を凝らし、運営スタッフの育成や多様なプログラム開発を行なってきた成果だと思います。

「ポンディ・イッシー周辺の再編成プロジェクト」
2009年

もうひとつの例は、二〇〇九年、フランスのコンペで一位を獲得した「ポンディ・イッシー周辺の再編成プロジェクト」です。これは公営の住宅とオフィス、学校などを含んだ都市建築で、周辺には緑豊かなセーヌ川が流れています。そのグリーンが建築に這い上がっていくような提案をしたときに、テーマは何かと聞かれとっさに「都市のきのこ」と答えたんですね。すると、予想外に市長さんが喜んでくださったので、私はその言葉が通じたのだと思いました。それまで都市デザインを手がけたことがなかったものの、以前から「都市のきのこ」つまり「都市の記憶の持続」を導入することを考えてきたので、この一件で手ごたえを感じることができました。

私はこれまで、いろいろな場で「新しい自然」という言葉を使ってきましたが、まだまだ表層的な解釈だったかもしれない、と思うこともあります。もっと人間の生活と密着した快適性、生きていくことに直結した生命的なものとして自然を捉えていく。それが次のステップに必要ではないかと思っています。

大熊克和

# 東南アジアの自然を活かした建築と教育活動

## 活躍の場をアジアへ

この場では、私が現在かかわっている東南アジアでの仕事を紹介しながら、建築と自然の関係性についてお話しします。私は、二〇一〇年に長谷川逸子事務所に入り、主に中国でのプロジェクトを経験した後、二〇一五年に現在勤めているフューチャーリンク建築社に移籍しました。この会社は、東京のほかにミャンマーのヤンゴンにも事務所を構えていて、日本国内だけでなく、ミャンマー、タイ、マレーシア、インドネシアなどアジア各国でプロジェクトを進めています。

私は、大学院時代にドイツに留学し、現地の設計事務所でインターンシップをしていた経験もあり、大学を出た後も海外との接点をもちながら仕事がしたいと思っていました。卒業する頃はリーマンショック後の影響から、建築活動全体が消極的になっている時期で、日本国内に閉塞的な空気が漂っていたことも関係しています。そうしたなかで、自らがワクワクしながら、一〇〇パーセントの力を発揮できる場を探していたところに、長谷川事務所が中国のプロジェクトのためにスタッフを探していると聞いたのです。

学生の頃の建築教育を経て、実際に長谷川事務所に入ってからは、建築を都市や市民のためにつくるということがいかに重要なのかをあらためて知りました。長い時間が経ってもその建築が使われ続けるには、その場に求められているものを知り、使う人々の理解を得ることが必要だからです。言葉にすると当たり前のようですが、そうした多様性、複雑性に対応することが、実務として一番難しいところなのだと実感しました。ですから、現在の自分のプロジェクトでも、その部分をいかにリアライズできるかということをつねに考えています。

それでは、私が実際に担当しているプロジェクトをご紹介したいと思います。

## サービスアパートメント・プロジェクト

ミャンマーは、都市部に隣接して大自然が広がる、緑と水が豊かな国で、街の至るところにパゴダという仏塔が見られる仏教国でもあります。国の人口は五〇〇〇万人を超

フューチャーリンク建築社「Lプロジェクト」
2014年〜、ヤンゴン

シュエダゴン・パゴダ

え、中国とインドの間に挟まれた地理的にも重要な場所にあることから、アジア最後のフロンティアと呼ばれ、市場としてもひじょうに注目されています。また二〇一六年春に、半世紀以上続いた軍事政権から、国民民主連盟に政権交代したことで民主化され、まさにこれから国が新たに発展しようとしている段階にあります。

現在ミャンマーで進めているプロジェクトのひとつに、ヤンゴンの「Lプロジェクト」というサービスアパートメントの計画があります。ヤンゴンには、各国の駐在員やビジネスパーソンがたくさんいるのですが、彼らが宿泊するホテルや住居がとても不足しているんですね。それで、市内の大きな人工湖のほとりの敷地に、ホテル機能をもった住居を計画することになりました。建築的な試みとしては、遠景からの景観を考慮して、湖の印象的な水面のイメージをファサードに継承したようなデザインを提案しています。また、東南アジア特有の強い日差しを遮るために奥行きの深いバルコニーをつくって、湖やシュエダゴン・パゴダというヤンゴンで一番大きな仏塔のほうにビューを向けています。

もうひとつ特徴的なことは、この計画をプロジェクト化するところから、われわれが参画している点です。ヤンゴンで今求められている建築はどういうものかをリサーチしてさまざまな土地をめぐり、イメージ図や図面をまとめた企画書をつくって投資家などに提案する。つまり、なぜそこにその建築が必要なのかを考える段階から手がけています。冒頭でお話ししたように、ミャンマーは政権交代をして、今まさに新たな都市づくりを進めているところなので、申請作業など手続き上の課題もありますが、こうしたステップをひとつずつクリアしながら、実現に向けて動いています。

フューチャーリンク建築社「サービス・アパートメント・プロジェクト」2015年〜、シラチャ

次は、タイのシラチャという街のサービスアパートメントの計画を紹介します。シラチャはバンコクから南に一二〇キロほどの距離にある港町で、数多くの日本企業が進出している都市です。バンコク以外で日本人学校があるのはこのシラチャという街だけなのですが、先ほどの「Lプロジェクト」と同じように、こうした人々が住まう場所やホテルが不足していることがきっかけで始まったプロジェクトです。

タイには三つの季節（暑季、雨季、乾季）があるのですが、その変化を感じられるように敷地の中央に中庭を大きくとって、その外周に建物を配置する計画としています。そして、中庭には池に見立てたプールをつくり、敷地内のどこにでも涼しい風が通り抜けるようにしています。また、この地域の樹木や草花を徹底的にリサーチして、三つの季節ごとに緑があふれるような植栽計画を行なっています。

住戸内には、玄関からバルコニーへと続く「涼・間（りょうま）」と名付けた日本の土間のような空間を設けることで、敷地全体の風が住戸内にも通り抜ける、自然の冷却装置のような仕組みになっています。また、タイの建築で一般的に使われている穴開きブロックを外壁部分に利用して、日よけと風通しの両方を確保しながら、施工性やコストにも配慮し、建物の印象的な表情をつくり出そうとしています。

気温や湿度の高い東南アジアでは、建築を考えるうえで現地の気候風土や自然環境というものが、日本以上に主題化されることが多いため、その点にフォーカスしながら建築計画を進めていくことが必要になります。また、東南アジアに限りませんが、そこに住む人や訪れる人たちが出会い、会話や発想のきっかけとなる

涼・間（りょうま）

場づくり、コミュニティのあり方もテーマにしながら計画を進めています。

## ミャンマーでの建築教育活動

建築設計以外にも現地で取り組んでいるさまざまな活動があります。例えば、有志による自主的な活動として、簡素なつくりによって老朽化が進んだ児童養護施設のために、ミャンマーへの進出を考えている企業に働きかけ、塗料メーカーから屋根の断熱塗料を提供してもらったり、バガンという古都で大きな地震が起きたときには、現地の若い建築家とともに崩壊した建築物の調査を行なったりしています。

バガンの地震被害調査

また、ミャンマーの建築教育を充実させるために、大学のマスタープランをつくるチームにも参加しています。さらに、こうした活動を通じて、将来的には建築教育のための学校をつくり、建築の仕事を現地の多くの若者がめざす職業にするという目標をもっています。というのは、いくらいい建築をつくっても、それを引き継ぐ人材やナレッジがないと、一過性のもので終わってしまうからです。建築文化を根付かせるのは難しいことですが、時代の変化が速い現代だからこそ、こうした時間をかけた取り組みは重要だと思いますし、現地に拠点があるからこそできることでもあるので、長い目で実践していこうと考えています。

言葉や文化の違いに苦労するときもありますが、建築とは異なる分野の人々とも積極的にチームを組み、新しい企画や価値を見出していくことが、自分の興味や性格にも合っているので、楽しみながらやることで、それが仕事のやりがいにもつながっています。

## 建築家としての新たな役割を追求

北京オリンピックや上海万博が行なわれた一〇年近く前の中国は、三〇年前の日本のようだと言われていました。現在は東南アジア全体が同じような状況で、経済や文化が発展して新しい建物がどんどんつくられる時代になっています。そういう意味では、建築をつくることの希望や活力なども、七〇年代の日本のような空気が流れているのかもしれません。反面、これまでと同じ考え方で建築をつくっていては、今の日本のような状態になる危険性もあるということです。もちろん日本にもいい面と悪い面がありま すが、無批判に東南アジアで同じことを繰り返しては、建築家の存在意義が薄れてしまいます。ですから、ミャンマーだからこそ、あるいはタイだからこそ、こういう構造や仕組みが生まれたのだ、というレベルまで突き詰めて、日々新しいことにチャレンジしていきたいと思います。

建築を取り巻く環境がまったく異なる国で、よりよい仕事の質をめざし、また、それに見合った適切な対価を得ることはとても重要で、その継続が市民の社会生活や経済活動の充実につながるのではないかと考えています。文化や気候、習慣が異なる国では設計作業以外にも試行錯誤の連続ですが、継続することで生まれる、新たな価値の発見を楽しみながら日々取り組んでいます。

建築の果たす役割は今後ますます多岐にわたるでしょうし、特に日本では設計だけを仕事にするやり方は、将来的にひじょうに難しくなってくるはずです。建築家の職能は、建てただけで終わりというものではありません。何をつくるかを考える過程で、建築の新しい枠組みやビルディングタイプを超えたものが生まれるだろうし、これからの時代は、つねに変化する世界に柔軟にアジャストしていけるような使い方、かかわり方を探していかなければいけない。そのために、日本と海外の両方に軸足を置いて、多角的な情報や体験をフィードバックできる立ち位置で活躍していきたいと思っています。

## 「私」から「公」への転換

**大熊**　まず、七〇年代における「個人」についてうかがいます。長谷川さんが冒頭で話されていたように、六〇年代までの伝統論や、民衆・群衆という集団から、七〇年代になると、より個人的な感覚や体験に根ざした活動にシフトしていっているように感じました。そのことは、槇文彦さんがおっしゃる「野武士」という言葉にも表されていますが、それは当時の社会的背景など外的要因が大きかったということでしょうか。

**長谷川**　七〇年代に入る頃は、社会のさまざまな動きが組織体ではなく「個」の方向に向かっていました。何か新しいステップに向かっていくような感覚がありましたね。一九六八年に起きたフランスの五月革命の影響も大きかったです。その頃は、建築に限らず美術の世界も今まで通りにはいかなくなっていて、ものをつくりだす根拠が、社会のなかにも、先輩たちがやってきたことにもない。ちょうど篠原研究室にいた頃がその節目だったので、『美術手帖』に「建築の解体」の連載が掲載されるたびに、みんなと一緒に読んでいたんです。そういうなかで、自分の個人的な体験を通して建築を考え、自分の立つ場所は自分たちでつくるより仕方がない、というような思いをみんながもっていた気がします。

**大熊**　湘南台文化センターのときには、市民との対話によって、建築家と市民、建築家と行政、というように今まで対立する関係にあったようなものを巻き込んで、より多様性、複雑性が増すなかで公共建築を捉えようとされていたわけですが、私自身はそれが現代の状況に似ていると思いました。というのは、市庁舎、ホール、図書館といった公共建築が八〇年代から出つくした頃に、われわれの世代は建築を学び始めたので、じゃあその後に一体どんなことができるんだろう、という閉塞感のようなモヤモヤしたものを感じているからです。そうした感覚が当時もあったとするならば、今の社会がもっている状況と近いものがあるなと。そこでうかがいたいですが、コンペのテーマが「開かれた公共空間」だったことからそういう方向に進んだのか、それとも一九八六年という時代や社会からの要請だったのでしょうか。

**長谷川**　私がコンペに参加したのは「開かれた公共空間」というコンセプトに惹かれたからですが、こうしたテーマが出てきたのは、社会的な背景もあったと思います。コンペに参加したほかの建築家も私と似ている提案でした。それは、建築家自身が権威的でない公共建築をつくりたいと思っていたのと同時に、社会がもっと開かれたものを求めていると感じていたからだと思います。

私が市民との対話を大事にしたのは、コンペというものが提案型である以上、使う人に納得してもらわなければいけないし、そうでなければ共感してもらえないと思ったからです。住宅建築は、そこに住む人の共感がなければつくれませんよね。公共建築だからといって、それをないがしろにしていいはずがありません。そもそも行政の「公」と市民の「私」が対立していることがおかしい。ポピュリズムだと批判されても、開かれた場をつくるためには、その二つをつなぎ、使う人の共感を生み出すことが絶対に必要だと反論してきました。

## アジアの自然観と建築

**大熊**　もうひとつ、今回のテーマでもある自然とアジアについてうかがいます。思想家の吉本隆明さんが『アジア的ということ』（筑摩書房、二〇一六）のなかで、西洋とアジアの対比をヘーゲルの言葉を引用しながら、「自由」でより人間中心主義な西洋に対して、自然をどう捉えて人間の規範とするかと考えるのがアジアだと言っています。長谷川さんは自然とアジアのつながりについてどのようにお考えですか。

**長谷川**　たしかに自然と建築の結びつきについて話すと、アジアの人は共感してくれますが、ヨーロッパではまったく理解してもらえませんでしたね。ローマ大学で「第二の自然」というタイトルの講演をしたときには、ランドスケープ・アーキテクチャーという言葉も通じませんでした。最近は少しずつ理解されるようになってきましたが、キリスト教社会には自然と建築は対立するものだという概念があるので、難しいと思います。

先日、インドネシアのジャカルタにレクチャーに行ったとき、いろいろな住宅を見せてもらったのですが、カーテンが一枚あるだけのオープンな部屋、テラスにある浴槽、虫が来ない木を植えるなど、湿度の高い地域性を上手く捉えていることに感動しました。また、ジャカルタには優れた家具職人がたくさんいるので、家具もすべて特注でつくってあるんです。こんなにすてきな住宅をつくる建築家がいるのに、オフィスや集合住宅などの大きな建築は、みんな外国の建築家にやらせてしまうわけです。

後日、ジャカルタの建築家や大学の先生が私のアトリエを訪れて、住宅建築をつくる建築家は、グローバルな時代にどうやって生きていったらいいのかと相談されました。私は、ローカルな建築家としてすばらしい住宅をつくっているのだから、グローバルな建築をつくらなくても、アジアの建築を世界に通じさせればいいではないかと答えたのですが、これは日本の建築家が抱える問題でもあります。これからの建築はローカルなものにシフトしていくのか、それともグローバルな方向に動いていくのか。この大きな課題について、日本の若い建築家がどのように考えているかを知りたくなって、ギャラリーＩＨＡという議論の場を開いたのです。

## 消費主義に利用される自然

**能作文徳**　これまでのお話を聞いて、自然観というものは建築家をとても左右するものだと感じると同時に、その自然観が歴史のなかでどう培われてきたかということも重要ではないかと思いました。ローマ大学で自然観を批判されたということでしたが、キリスト教的な自然観では、自然を統治するような立場として人間がいた、ということが前提としてありました。最近のロマン主義的自然観で言うところの「自然を愛する」は、啓蒙主義や近代化によって都市化が進むなか、失われていく自然を取り戻そうというところから来ているわけです。

そして、そうしたロマン主義を、消費主義と上手く合わせることで、自然を経験すること自体が消費の対象になりました。建築もそのなかで大きな役割を果たしていると思います。例えば、アジアの開放された建築を地域から引きはがしてたんに真似るのではなく、そもそも建築がどういう生態系のなかで成り立っていたのか、というところまでさかのぼらないと、自然と消費主義をコンビネーションさせただけの建築になってしまうのではないかと思います。私はそのことに危険性を感じています。アジアのリゾートは自然と呼応した建築タイプであると同時に消費主義にも深く関連しています。

長谷川さんのおっしゃる「第二の自然としての建築」は、自然を愛する、取り戻すということと同時に、自然を消費させるような部分に接近している側面もあると思いますが、どのように自然と建築についてお考えか、もう少しお聞かせください。

**長谷川**　「第二の自然としての建築」とは、権威的なものでも、消費主義を積極的に求めるものでもなくて、心地いい空気のなかで過ごしたい人たちの集まる場をつくるということです。つまり、日常生活のなかにある快適さを実現する、パッシブな環境の装置のような建築なんですね。能作さんがおっしゃる産業化された観光や、非日常的な刺激をつくり出して消費させるものとは違います。以前、福岡の大牟田市にある「不知火病院 海の病棟」という、軽い神経症やストレスに悩む人たちを癒す施設をつくったのですが、朝から夕方まで潮の満ち干や波を見て感覚を解放することによって、次第に健康を取り戻していく人が大勢いました。

人はそうした気持ちよさを求めて観光に行きます。けれどもインターネットの時代は、ひとつの情報が広まると、自然を破壊しかねないほどの人が集まってしまうこともあります。すると観光地化の動きが起こり、ますます美しい状態が失われる。あるいはリゾート開発のためにもとの自然を壊し、地域の規模に合わない大きな資本を導入して人々の生活を壊し、観光産業をビジネスとして展開する。そうやって自然を食いつくす行為があるのはたしかなので、もう少し強く環境を意識しないと、私がめざす自然とはほど遠いものになってしまうかもしれません。

ただ、漁業や林業を営む方々のように野生とともに生きる人がいる一方で、自然に触れて感覚を研ぎ澄ましたい、リフレッシュしたいという人々の切実な思いがあるのも事実です。その欲求を経済活動に結びつけて消費に導く。それは江戸時代の観光も同じで、今後も続くでしょう。けれども人が野生に触れる機会というものは、本当はそんなにたやすいことではないと思います。

**大熊**　能作さんの質問は、私に対しても示唆的であるように思いました。先ほどお見せしたスライドがファサード中心だったので、形だけを見ると自然をパーツ化したように捉えられ、自然のもつ本質的な力やそれとの関係性が伝わらなかったのかもしれません。また、能作さんは、安易に自然を売り物にしようとする場に、建築家が利用されているのではないか、と危惧しているようにも聞こえました。

たしかに自然を対象化してモノとして扱ってしまえば、今回のテーマである「第二の自然」や、自然の本質的な力とはかけ離れてしまいます。例えば、ソーラーパネルを付けて省エネをうたうことは、自然の力を上手く利用しているのかもしれないけれど、それだけで建築表現として成り立つかといえば、それは別の問題です。建築家はそうしたことを自覚したうえで、自然がもつ精神的な部分にも目を向けないといけないと思います。

また、リゾートについてですが、風光明媚な場所に行きたい、見たこともない景色に触れたいというのは、人間の本質的な欲望としてあるものです。それは建築という概念がつくられた以前からあったものですから、やはりそれは必要なものだと考えて、それと建築家がどう関係性を築いていけるかということが重要ではないでしょうか。都市に住んでいると忘れがちですが、もともと建築は風雨をどうしのぐかというように、自然に対してボーダーをつくってきた初源的な一面があります。そう考えると、自然と向き合うことは切っても切れないことで、特に東南アジアでは暑さや湿気も高くそれはより顕著です。それを単純にお金をかけてエアコンを付ければ快適になる、というだけで終わらせてしまうのでは物足りないですし、建築家がいる意味もなくなります。どのような場所や用途であれ、建築のなかに人々のよりよい生活を想像し、その地域の自然環境や文化をいかに融合させて、新たな価値を生み出すことができるかが重要だと思っています。

## 公共建築の変容と自然の新たな概念

**北山恒**　今回の連続レクチャーの全体を通して思ったことに関連して発言させていただきま

す。まず「新しい公共」について、湘南台文化センターでは丹下さんからその公共空間について共感が示されたという話をうかがいました。これは、日本の公共建築をリードしてきた丹下さんが、それまで展開していたコンセプトが「公」の立場に立った官制の民主主義だったので、これからはそうでない「開かれた公共」をつくるべきだという表明であると思いました。つまり、民主主義という概念が、ここで変容しているのではないかと思うんです。また同時に公共建築の概念も変わってきています。

次に「自然に対する概念」についてですが、パンチングメタルやガラスなどの工業製品が使われた外部空間を見て、誰もそれを「自然」とは思いません。けれども、長谷川さんのおっしゃる自然とは、たんに植物、土、水、といったものでなく、地域性や人間のアクティビティなど、建築を超えた「人間の活動」を「自然」と言っているわけです。今回の話をうかがって、ヨーロッパ文明では建築は自然を克服する行為だと考えてきたことに対して、自然が建築という人工と融和するという、ヨーロッパ文明を乗り越えていく意志を感じました。

七〇年代は、寺山修司、倉俣史朗、三宅一生、高松次郎、横尾忠則といった人物が次々と登場したように、発言する「個」の爆発がありました。同じように建築界も長谷川さんや今回の連続レクチャーに登壇した野武士世代の方々、そして安藤忠雄さん、石山修武さん、富永譲さんなど、それぞれ「個」の現れによって世界を批評していました。一九九〇年にできた湘南台文化センターは、ヨーロッパの世界でいうポストモダニズムではない、日本のポストモダニズム（脱近代）であり、そこでは新しい公共空間のあり方や、自然に対する固有の概念が示されていたのではないでしょうか。

最後に、公共建築をつくるときに市民の意見を取り入れることについて。デモクラシーとポピュリズムの問題では、建築が権力側の立場でつくられるという既成の概念に対して、「公」と「私」の間に入る「in-between」の概念を見せています。それは、建築家の変換点だったのではないかと僕は思います。そして、建築の最終的な形ではなく、そのプロセスが大事にされることで、建築が「生きられた存在」になったのではないかと思います。

**長谷川**　これまで公共建築をたくさんつくってきて感じたのは、日本の行政がつくる公共の場というのは、おじいさんやおばあさんばかりが集まる、かつての公民館から発想しているということです。だから中・高校生の居場所がないんですね。沖縄に行ったとき、公共施設の外にある縁側で高校生が寝転がっているのを見たので「どうして中で活動しないの」と聞くと「中に入ったら怒られる」と言うんです。太田市の行政センターと集合住宅が一体になった「本陣団地」をつくるときには、駅前で学生たちが床に座って勉強をしているのを見かけました。やはり彼らも行く場所がないわけです。ちょうど本陣団地の一階に高齢者向けのホールをつくることになっていたのですが、それほど頻繁に使われないので「市民ロビー」として、いろいろな人が使えるようにしました。すると、高校生がたくさん勉強しにやってきたんですね。それで沼津でも「スチューデント・ロビー」をつくることになったのですが、同じように駅前に座り込んでいた学生が、とても静かに勉強しているんです。若者もきちんと静かに使ってくれるのだと行政が知れば、こうした場はもっと広がっていくはずです。

このように、学生が自由に出入りして、自由に勉強できる場所を得ることもできないのが、日本の公共建築だったわけです。とんでもなくおかしな話ですよね。若い人たちには、そうした行政がつくっている規制を壊しながら、公共建築を本来の共有性のあるものにつくり変えていってほしいと願うばかりです。

［編註］

＊1　ネオ・ダダ　一九五〇年代後半から六〇年代にかけて、アメリカで起こった前衛芸術運動。日本でも「読売アンデパンダン展」、具体美術協会、ネオ・ダダイズム・オルガナイザーズなどの活動が起こった。

＊2　伝統論争　一九五〇年代後半に建築界を賑わせた、現代建築と伝統建築の関係性をめぐる論争。『新建築』一九五五年一月号における丹下健三と川添登の対談を端緒に、多くの建築家による多様な議論が繰り広げられた。

＊3　空間は機能をすてる　菊竹清訓が著書『代謝建築論—か・かた・かたち』（彰国社、一九六九）のなかで述べた理念。ルイス・ヘンリー・サリヴァンの「Form follows function（形態は機能に従う）」という機能主義に対し「機能をすてた空間こそ、もっともよく機能を発見することができる空間である」と説いた。

＊4　ルイス・ヘンリー・サリヴァン　（一八五六～一九二四）アメリカのシカゴ派を代表する建築家。「Form follows function（形態は機能に従う）」という言葉により、建築を形態と機能の関係性から捉え直そうとした。

＊5　白の家　篠原一男の初期の代表作（一九六六年、東京都）。道路計画により取り壊しの危機に瀕したが、二〇〇八年、一部を再利用するかたちで近隣に移築された。

＊6　民家はきのこ　篠原一男著『住宅建築』五〇頁（紀伊國屋書店、一九六四）「民家はきのこである。民家は建築であるよりは自然現象と考えるべきだ。条件がそろえばどこの地面にもみごとなきのこが群生するように、豊かな風土にはみごとな民家の集落がある。」

# 平成の野武士たち

長谷川逸子

アトリエとして三〇年以上使ってきた「BY-HOUSE(湯島の家)」をリフォームし、ギャラリーIHAを立ち上げたのは二〇一六年の春でした。情報伝達がインターネットに移行する今、建築をめぐる議論が希薄になっていると感じ、若い建築家や評論家と直接会い、世代や分野を超えて継続的に議論する場、「今の建築を知り、これからの建築を考える道場」をつくりたいと考えてのことでした。

オープニングとなった春のレクチャーシリーズは、塚本由晴さんのキュレーションで独自の活動をしている若い建築家のトークと作品展示を開催し、車座になって議論する「道場」が生まれました。

秋は、若い世代をよく知る北山恒さんにキュレーションをお願いし、一九七〇年代の建築にフォーカスしながら、私と同世代の建築家と若い建築家によるクロストーク形式のレクチャーにしました。オープニングレクチャーは「平和な時代の野武士達」の名付け親である槇文彦さんにお願いしました。蓋を開けてみると、伊東豊雄さん、六角鬼丈さん、坂本一成さんがそれぞれ講演中に、私に「あれはどうだっけ」と確認を求めてくる。それに応える度に、当時みんなが同じ場所や時間を共有していたことが思い起こされました。

私は七〇年代を東京工業大学の篠原一男研究室ですごしました。そこで篠原先生と磯崎新さん、多木浩二さん、林昌二さん、雅子さん、村野藤吾さんらとのミーティングに同席し、当時『美術手帖』に連載中だった磯崎さんの「建築の解体」が発表されると研究室のみんなで読み合って欧米の新しい建築動向について議論し、研究室の外では同期たちと酒を酌み交わしながら尽きることなく話し込む。情報があふれ、本をたくさん読み、多くの人たちと活発に議論する時間が十分にあった時期でした。

槇先生は、「漂うモダニズム」の中で、一九七〇年頃までの建築は誰もが同じ船に乗っていたが、それ以降は一人ひとりが大海原に投げ出されてバラバラに泳がなければならなくなったと指摘されています。ちょうどその時期に、私たち世代は小住宅から建築づくりを始めました。私は一九六五年に一カ月かけてヨーロッパをめぐり、廃墟と化した「サヴォワ邸」を目撃し、ミニスカートの女性が闊歩するロンドンでピーター・クックさんらアーキグラムのメンバーと会い、新しい建築の予兆を体感して帰国。パリの五月革命や七〇年安保を経て、建築、アート、音楽とあらゆる分野で新しい動きが現れてきました。それはメタボリズムの「運動」や伝統「論争」ではなく、個人が体験に根ざした感性で泳ぎ始めた「動き」でした。

七〇年世代には、今回登壇いただいた三氏のほかに、安藤忠雄さん、石山修武さん、石井和紘さん、毛綱毅曠さんたちもいます。同世代とはいえ、出身や経験が異なるように建築のテーマや方法論も違っていました。今回のレクチャーを振り返ってみると、伊東さんが社会変化に敏感に反応しながら建築を構想してきたこと、六角さんがアジア的な自然観をよりどころにしながら建築をつくってきたこと、坂本さんが言語学を基盤とした理論でストイックに建築にのぞんできたことをあらためて実感しました。その背景には、菊竹清訓さん、磯崎さん、多木さんや篠原先生と対峙してきたそれぞれの経験、さらに建築教育以前の環境で育まれた感性があるのではないか。私自身はレクチャーで述べたように、菊竹さんの空間論や篠原先生の『住宅論』に触発され民家を見歩いた体験、さかのぼれば仏教的で豊かな自然のなかで育った体験などを引き継ぎながら、「ガランドウ」や「第二の自然」というコンセプトに至ったのだと思います。

春のレクチャーを通じて、七〇年代と今の若い世代の建築家たちが直面している社会状況は相当に違っていると感じていました。人口減少や高齢化が進み、建物ストックは余剰となって空き家があふれ、建築のデジタル化、高品質化、産業化が進む今、若い人たちがゼロから何かを生み出せる機会はそうそう開かれていない。そんな状況でも阪神淡路や東日本大震災の経験を通して、建築と社会の関係や建築家の役割を問い直しながら、地方都市や出身地でリノベーション、復興・福祉の街づくり、アートイベントなど、人とのつながりや活動づくりに取り組む若い建築家たちに会いました。

秋のレクチャーに登壇した平成の野武士たちもまた、ポスト三・一一世代。「みんなの家」もガウディも等しく自分がめざす「愛される建築」であると言う大西麻貴さん。大学時代をすごした街で自らプロジェクトを起こし、リノベーションで街の再編集に取り組む宮崎晃吉さん。建築の文脈を物質から引き出して地球環境から捉え直したいという能作文徳さん。東南アジアにプロジェクトをもち込んで、開発と理想の環境づくりのせめぎ合いを模索する大熊克和さん。彼らが語る急速なグローバライゼーションへの恐れ、日本社会の成熟がもたらす閉塞感、建築をつくることへの躊躇は、世代を超えて私たちもまた時代の曲がり角に直面しているという共感を覚えるものでした。依るべき規範が見えない時代、ものづくりは個人の身体感覚に立ち戻って、生活環境から地球環境までを視野に入れつつ模索していくことが、やがてブレイクスルーを招くのだと思います。

今振り返れば、七〇年代はモダニズムが失速し、自由を謳歌していたように見えても、当の野武士たちは自信満々にモダニズムを飛び越えてきたわけでもなかった。もはや前世代のようには建築をつくれないという思いのなかで、各自が模索してきたと言ったほうが実態に近く、私も湘南台のコンペではモダニズムを乗り越えるというよりも、自分が親しんできた自然の快適さや人々が集う楽しさを戻したいという思いのほうが強かったという記憶があります。建築家には時代や環境がさまざまに影響し、多様なつくり手がいますが、人々が生きる喜びや豊かな生活を得られるような「生きる場」をつくり続けるのだろうと感じています。

（二〇一七年七月）

ギャラリーIHA二〇一六後期連続レクチャー

# 「一九七〇年代の建築的冒険者と現代の遺伝子」開催概要

プロデューサー　長谷川逸子　キュレーション　北山恒

第一回　槇文彦×北山恒「漂うモダニズムと私」
二〇一六年九月二四日開催（作品展示九月二四日〜一〇月四日）

第二回　伊東豊雄×大西麻貴「愛される建築をめざして」
二〇一六年一〇月六日開催（作品展示一〇月六日〜一九日）

第三回　六角鬼丈×宮崎晃吉「日本〝建築〟辺境論」
二〇一六年一〇年二三日開催（作品展示一〇月二三日〜一一月一日）

第四回　坂本一成×能作文徳「建築のエシックス」
二〇一六年一一月四日開催（作品展示一一月四日〜一六日）

第五回　長谷川逸子×大熊克和「第二の自然としての建築とアジアの建築」
二〇一六年一一月一九日開催（作品展示一一月一九日〜三〇日）

ギャラリーIHAは、長谷川逸子が主宰する「NPO法人建築とアートの道場」の活動拠点。若い建築家への支援、子ども・障がい者・高齢者のアート活動への支援など、これからの建築とアートについて議論する「道場」である。

長谷川逸子氏、大熊克和氏「第二の自然としての建築とアジアの建築」会場風景

六角鬼丈氏、宮崎晃吉氏の展示風景

槇文彦氏「漂うモダニズムと私」会場風景

［略歴］

**槇 文彦** まき・ふみひこ

一九二八年東京都生まれ。一九五二年東京大学工学部建築学科卒業。クランブルック美術学院およびハーバード大学大学院修士課程修了。一九六五年槇総合計画事務所設立。一九七九～一九八九年東京大学教授。現在、同事務所代表取締役。主な作品＝「ヒルサイドテラス」「スパイラル」「東京体育館」「京都国立近代美術館」「風の丘葬斎場」「4ワールドトレードセンター（米国）」など。日本建築学会賞、朝日賞、高松宮殿下記念世界文化賞、プリツカー賞、UIA、AIAゴールドメダルなどを受賞。主な著書＝『見え隠れする都市』（共著、鹿島出版会）、『記憶の形象』（筑摩書房）、『漂うモダニズム』（左右社）など。

**伊東豊雄** いとう・とよお

一九四一年生まれ。一九六五年東京大学工学部建築学科卒業。主な作品＝「せんだいメディアテーク」「多摩美術大学図書館（八王子キャンパス）」「台湾大学社会科学部棟」「みんなの森 ぎふメディアコスモス」「台中国家歌劇院」など。日本建築学会賞（作品賞、大賞）、ヴェネツィア・ビエンナーレ金獅子賞、王立英国建築家協会（RIBA）ロイヤルゴールドメダル、プリツカー建築賞など受賞。二〇一一年に私塾「伊東建築塾」を設立。自身のミュージアムが建つ大三島においては、塾生有志や地域の人々とともに継続的なまちづくりの活動に取り組んでいる。

**六角鬼丈** ろっかく・きじょう

一九四一年東京都生まれ。一九六五年東京藝術大学美術学部建築学科卒業。一九六五～一九六九年磯崎新アトリエ勤務。一九六九年六角鬼丈計画工房開設。一九九一～二〇〇九年東京藝術大学美術学部建築科教授。現在、同大学名誉教授。二〇〇九～二〇一五年（北京）中央美術学院・建築学院特別招聘教授。二〇一一年より臨床美術学会会長。日本建築学会賞（東京武道館）、毎日芸術賞（感覚ミュージアム）など受賞。

**坂本一成** さかもと・かずなり

一九四三年東京都生まれ。一九六六年東京工業大学工学部建築学科卒業。一九七一年同大学大学院博士課程を経て、武蔵野美術大学造形学部建築学科専任講師。一九七七年同大学助教授。一九八三年東京工業大学助教授。一九九一年同大学教授。現在、同大学名誉教授、アトリエ・アンド・アイ坂本一成研究室主宰。日本建築学会作品賞（House F）、村野藤吾賞（コモンシティ星田）など受賞。「egota houseA」「水無瀬の別棟」で日本建築学会作品選奨。二〇一三年「宇土市立網津小学校」でBCS賞。主な著書＝『建築に内在する言葉』（TOTO出版）ほか。

**長谷川逸子** はせがわ・いつこ

一九四一年静岡県生まれ。一九八〇年長谷川逸子・建築計画工房設立。一九九七年王立英国建築協会より名誉会員の称号。二〇〇〇年日本芸術院賞受賞。二〇〇一年ロンドン大学名誉学位。二〇〇六年アメリカ建築家協会（AIA）より名誉会員の称号。主な作品＝「湘南台文化センター」「新潟市民芸術文化会館」ほか。主な著書＝『長谷川逸子』（鹿島出版会）、『住宅・集合住宅 1972-2014』（鹿島出版会）、『生活の装置』（住まいの図書館出版局）、『長谷川逸子ガランドウと原っぱのディテール』（彰国社）、『海と自然と建築と』（彰国社）ほか。

**北山 恒**《きたやま・こう》

一九五〇年生まれ。横浜国立大学大学院修士課程修了。一九七八年ワークショップ設立（共同主宰）、一九九五年architecture WORKSHOP設立。横浜国立大学大学院Y-GSA教授を経て、現在、法政大学建築学科教授。主な作品＝「洗足の連結住棟」「祐天寺の連結住棟」など。日本建築学会賞、ARCASIA建築賞ゴールドメダル、日本建築学会作品選奨、日本建築家協会賞など受賞。主な著書＝『ON THE SITUATION』（TOTO出版）、『TOKYO METABOLIZING』（TOTO出版）、『in-between』（ADP）、『都市のエージェントはだれなのか』（TOTO出版）など。

**大西麻貴**《おおにし・まき》

一九八三年愛知県生まれ。二〇〇六年京都大学工学部建築学科卒業。二〇〇八年東京大学大学院工学系研究科建築学専攻修士課程修了。二〇〇八年より百田有希とともに、大西麻貴＋百田有希/o+hとして活動を始める。二〇一一〜二〇一三年横浜国立大学Y-GSA設計助手。現在、同大学先端科学高等研究院客員准教授。主な作品＝「二重螺旋の家」「東松島こどものみんなの家」「Good Job! センター」ほか。SDレビュー2007鹿島賞、二〇一二年新建築賞など受賞。

**宮崎晃吉**《みやざき・みつよし》

一九八二年群馬県生まれ。二〇〇六年東京藝術大学美術学部建築科卒業。二〇〇八年同大学大学院美術研究科修士課程修了。二〇〇八〜二〇一一年磯崎新アトリエ勤務。二〇一三〜二〇一四年東京藝術大学建築科助手。二〇一五年同大学非常勤講師。二〇一四年より全国各地のリノベーションスクール・ユニットマスター。東京谷中の木造アパートをリノベーションした最小文化複合施設「HAGISO」、まちをホテルに見立てた宿泊施設「hanare」を手がける。

**能作文徳**《のうさく・ふみのり》

一九八二年富山県生まれ。二〇〇五年東京工業大学建築学科卒業。二〇〇七年同大学大学院建築学専攻修士課程修了。二〇〇八年Njiric＋Arhitekti勤務。二〇一〇年能作文徳建築設計事務所設立。二〇一二年東京工業大学大学院博士課程修了。現在、同大学大学院助教。二〇一〇年度東京建築士会住宅建築賞、SDレビュー2013鹿島賞など受賞。第一五回ヴェネツィア・ビエンナーレ国際建築展日本館展示特別表彰。主な著書＝『WindowScape 窓のふるまい学』『WindowScape 2 窓と街並の系譜学』『WindowScape 3 窓の仕事学』『シェアの思想』（ともに共著、フィルムアート社）ほか。

**大熊克和**《おおくま・よしかず》

一九八三年石川県生まれ。二〇〇四年石川工業高等専門学校建築学科卒業。二〇〇六年東京工業大学工学部建築学科卒業。二〇〇七〜二〇〇八年シュトゥットガルト大学（ドイツ）留学。二〇〇八〜二〇〇九年Kuehn Malvezzi Architects（ドイツ）勤務。二〇一〇年東京工業大学大学院建築学専攻修士課程修了。二〇一〇〜二〇一四年長谷川逸子・建築計画工房勤務。二〇一五年よりフューチャーリンク建築社。「ヤンゴンスタートアップセンター（ミャンマー）」「シラチャサービス・アパートメント・プロジェクト（タイ）」など、日本とミャンマーを起点にプロジェクトを展開。

## クレジット

- アトリエ・アンド・アイ　164
- 伊東・日本・竹中・清水・大林共同企業体　66
- 伊東豊雄建築設計事務所　7-⑪、64、69、71、84
- 大橋富夫　3-⑫、4-④⑦、5-⑩⑪⑫⑮⑯、6-②③⑥⑧、7-⑦⑫⑬⑭、8-①④⑥⑧、65、74、99、100、114、116、163左、207、209、210
- 上山益男　214
- 北嶋俊治　42左
- 久保田啓斗　2-⑤
- 彰国社写真部　1-②④、2-①②④⑦⑨、3-⑥⑪⑬、4-③⑤⑥⑧⑨、5-⑬⑭、6-①④⑤、7-⑨⑩、8-②③⑤⑦、40、87、123、202
- 彰国社編集部　4-②
- 新建築社写真部　155、157、158、159左、162、163右
- 鈴木淳平　169
- 積水化学工業　3-⑧
- 高橋マナミ　75
- 多木浩二　73、159右
- 田中宏明　206右
- 仲建築設計スタジオ　26
- 中村 絵　80左
- 能作建築設計事務所　168
- 野口浩史　47
- 長谷川逸子・建築計画工房　205、206左、215
- 藤塚光政　122、125右
- 村井 修　1-③⑤、4-①
- 山田脩二　3-⑩
- 六角鬼丈　125左
- 吉村行雄　31左
- 六角鬼丈計画工房　2-③、113、118、120
- National Taichung Theater　70

## 引用出典

- 『建築と都市』(丹下健三、彰国社、1970)　1-①
- 『漂うモダニズム』(槇文彦、左右社、2013)　29

再録　漂うモダニズム

槇文彦

## I　言語と建築

古代からこの地球にはさまざまな種族が生息していた。その中にはゆっくりと時間をかけて移動していったものも少なくないが多くはある地域に棲息し、生存し続けた。当然ながら限定された種族同士のコミュニケーションとして彼等自身にのみ理解できる語り言葉が出現し、今これを母語と呼ぶ。しかしやがて交易、戦争の拡大等によって異なった地域、種族との接触が増大すると共に新しいコミュニケーションの手段も必要となった。もちろん母語同士の同化現象も少なくなかったと思う。

ここで注目すべきは、母語に対する普遍語の出現であった。より広大な地域におけるコミュニケーションを可能にすると共に、文字の発明がその伝播、浸透力をより強力なものにした。帝国、一神教の出現とも深くかかわりあいがある普遍語の特徴は、母語と異なってその語彙の拡大、表現の洗練、豊穣さを目指す努力を怠らなかったところにある。なぜならば、普遍語を通じてさまざまな種族の人間に対して、啓蒙、説得、恫喝等のメッセージをより効果的に伝達し得る必要性があったからである。当初は社会の特権階級の使用語であったことも、このことを明らかにしている。こうしてラテン語、アラビア語、サンスクリット語、漢語等の普遍語と、無数の母語の存在が永く地球上の社会のコミュニケーション・ネットワークを形成してきた。

一方、建築の世界はどうであったか。結論から言えば、言葉の母語に相当するのがローカルな建築であり、普遍語に対しては様式建築を対応させることができるのではないか。バナキュラーといわれる建築は、主として住居を中心にその地域の気候、地勢、入手し得る素材、生活様式を基盤に、長い年月を経て集団の知恵と工夫と経験がつくり上げた建築であり、今日で言う特定の建築家の所産でもなければ、また強いつくり手の自意識も存在しなかった。そしてその変化は常に緩慢で、漸次的であった。一方、こうした地域性を超えたより普遍的な建築タイプとして最初に寺院、教会、モスクそして後に王宮、タウンホール、劇場、図書館、競技場等が出現する。

もちろん、原始社会においても、地域特有の形式を有した同種施設を発見することはさほど困難でない。しかし、明確にしなければならないことは、ここで述べている普遍的建築とは地域を超えて受容されているものを指していることなのである。いかにしてこうした普遍的建築が誕生するに到ったかという命題自体、歴史的にもきわめて興味のある研究対象であるが、ここで私が指摘しておきたいことは、ちょうど普遍語がそうであったように、普遍的建築とは、より広い社会に対して、言葉ではなく形態／空間を通じて他者に感動、畏怖を与える、別な表現をするならば、非日常的体験を与えるものから出発したということである。そして普遍語が絶えず言葉の洗練化、語彙の豊穣化を図ったのと同様に、ある枠の中での同種の建築との「競合」、あるいは己れの「進化」を目指すことによって、様式建築が成立し、そこにかかわりあうことでプロフェッショナルな建築家の誕生があった。そしてその競合、進化のDNAがそのまま現在の建築家にも継承されている。私が特に強調したいことは、普遍語であれ、普遍的建築であれ、それは他者に対する己れの力、あるいは考え方の伝達の端的なコミュニケーションの手段であったのであり、それによって己れのアイデンティティを確立しようとする姿勢は、今日においてもあまり変わらない。これは教会やモスクのような信仰を対象とした建築では容易に理解し得るが、王宮、図書館等の建築においても権力の誇示はデザインのライトモチーフであった。

しかしここで留意しなければならないことは、一度普遍性を獲得した様式建築はさまざまな建築家の手によって、また長期に使用される過程で、当然その中での質的差が存在し始めることであった。そしてやがて総体としての劣化、衰退によって新しい様式の台頭をうながすという歴史的現象が継続的に存在してきた点にある。言語の世界でそうした変化は建築のそれよりも遥かに緩慢であったが、後に述べるように English → Globish という普遍語自体の劣化現象は興味ある事実である。

しかし社会の進行が比較的緩慢な時代にあっては、この土着建築と普遍的建築の安定した二項対立的関係が地球規模で持続されたのである。

周知のように産業革命、ネーションステートの台頭、新しい輸送、交信システムの発達はきわめて短い期間の間にこの安定した建築秩序を崩壊に導いていった。それは近代都市の成立、そしてさまざまな型の建築を生み出した。特に国家・ネーションステートの成立は国家間の戦争も含めた競争、植民地の拡大、そこから得た富の集積による都市美の構成を可能にした。過去二世紀間にさまざまな多くの国家が成立し、国語が誕生した。その成立過程に多くの差異性が認められても、国語とは叡智を求める人びとが

〈普遍語〉を翻訳することによって〈母語〉が〈普遍語〉の滋養を吸収した言葉と定義できるだろう。それでは建築ではどうであったか。果たして、国民建築は国家と共に誕生したのであろうか。

国民意識の高揚、反映としての建築は、僅かな例を除いては誕生しなかったと言える。しかし一九世紀の国語としての日本語の確立は日本人の意識構造——それが意識的であれ、無意識的であれ、重要な発見を別なかたちで建築にもたらしたのである。

二〇〇八年、作家水村美苗は『日本語が亡びるとき 英語の世紀の中で』(筑摩書房、二〇〇八年)のエッセイを通して、文学界のみならず多くの識者に新鮮な刺激を与えた。彼女が『日本語が亡びるとき』といったその言葉は、亡びさせてはならない程、近代に成立した日本語は日本人にとって重要であることの指摘であったのだ。一九世紀の中頃、近代日本語は当時世界にも誇る識字率と相まって短期間のうちに成立した。外来として西欧から入ってきた新しい概念、物象を的確に漢字化すると共に、漢字の音声化から生まれたふたつの仮名をそのまま併用するという独特のハイブリッドの国語が誕生した。その特色を内田樹は近著『日本辺境論』(新潮新書、二〇〇九年)の中で日本人の脳は文字を視覚的に入力しながら、漢字を図像対応部位で、カナを音声対応部位で、記号入力を二カ所に振り分けて並行処理していると指摘している。つまり、言語記号の表意性を物質的、身体的なものとして脳のある部位で経験し、一方をその表音性を概念的、音声的なものとして別の脳内部位で経験すると述べている。そして日本のマンガ、アニメが国際的に優位性を保持しているのはこうした日本語の特殊性に帰するところが多いのではないかと言っている。

それではこうした特殊な日本語構造は現代のわれわれの建築に何か影響を与えるものがあったのだろうか。私はあると思う。先に述べたIdeogramを理性の世界が、そしてPhonogramを感性の世界が強く支配するものとしてみよう。周知のように建築のデザインの過程はひとりの建築家の頭脳の中でも理性の世界と感性の世界の間断なきキャッチボールによって生まれてくる。そして日本の近代以降の建築を見る時、それは日本独特の理性と感性のバランスの上に立った優れた作品を多く見ることができる。その第一号に坂倉準三の一九三七年のパリ万博の日本館を挙げてよいのではないだろうか。それ以後、今日まで、世代順に日本の建築家の代表的作品を通観して見ると、確かに、それぞれの建築の外観は建築のタイプ、場所、あるいはプログラムによる差異性が多く見られるが、その内部空間には理性と感性のバランスがつくり出す空間の類似性が浮かび上がってくるものが多い。

私はひとり建築家の中の間断なき理性と感性のキャッチボールと述べたが、例えば丹下健三の傑作、国立代々木競技場の場合、そのデザインのプロセスは、このプロジェクトに参加した丹下研チーム、構造の坪井善勝、設備の井上宇市等を理性を代表する袋とすると、丹下健三個人の直覚力と感性がもうひとつの袋としてあり、そのふたつの袋の間断なき対話がつくり出した成果と見ることができる。そのように見るとヨーロッパの近代建築は、純粋に理性の世界の所産と言えるものが多い。そして、ヨーロッパに誕生した、クラシック音楽のベースにある調性（Tonality）は自然に即した合理性（物理的法則との整合性）、またそれに則って整然とした音組織を構築した西洋合理精神の顕れでもあるのだ。そして今日、彼等の優れた建築作品でもそれらは必ず理性か感性のどちらかがより強く表出されている傾向にある。もしも西洋の古典建築が基本的には理性の所産であるとするならば、装飾はそれを補完しようとする感性の産物である。しかし日本の古代からの住宅建築に装飾がないのは既に基本構造そのものが理性と感性の所産であったからだと理解することができる。換言すれば、この理性と感性のバランスの世界が、多くの日本のモダニズムの建築をつくってきたと言えるのではないだろうか。もちろん、漢字とカナの併用は近代以前の日本にも存在した。そしてひとつの文化はことばにも空間と共通した性格を与えていることを多木浩二は『生きられた家』（田畑書店、一九七六年）の中で指摘している。思考や論理即ち言語はもともと身体とも空間とも密接に結び付いていたのである。日本の建築文化における理性と感性のバランスは、モダニズムという同じ土俵で異なった文化圏の建築家たちが一斉に仕事を始めた時代においてその特徴がより一層明瞭に現れたのだ。ミース・ファン・デル・ローエは生前一九六四年にあるインタービュー（『カサベラ［CASABELLA］』八一〇）に応えて、「この混乱の世界の中で理性以外に建築を導くものはあるでしょうか」と言っている。日本の近代建築の百年を振返ってみて、建築のあり方をこのように明快に一刀両断した建築家はいるだろうか。

## II　モダニズム建築の現在

私は国語に相当する国民建築は誕生しなかったと言った。しかし、われわれをとりまく言語や自然の情景が無意識のうちにわれわれの感性、思想を育んでいったことは否定しないし、その存在がわれわれの建築を豊かにすることは建築文化の生成という観点から見ればきわめて歓迎すべきことなのである。そしてそれはまた建築における伝統を解釈する上で新しい視点をわれわれに提供してくれているのである。

そこにあることが存在理由であったバナキュラーの建築、それがあることに存在理由があった普遍的建築がつくり出した秩序が次第に崩壊したことは既に述べた。そこにある必然性は環境の外的変化の中で次第に失われてしまったし、生活の多様性はそれ自身の存在を限りなく拡張し、稀薄化しつつあったからである。

モダニズムが現在、建築の普遍語となったことに異論を挟む者はないであろう。モダニズムの誕生からちょうど百年経つとすれば、私自身建築を志してからその後半の六〇年を経験してきたことになる。建築を始めた頃、モダニズムの巨匠といわれたル・コルビュジエ、ミース・ファン・デル・ローエ、フランク・ロイド・ライト、アルヴァ・アアルト等はまだ健在で、そのうちの何人にかは私自身親しく会う機会もあった。そして丹下健三、ルイス・カーン、エーロ・サーリネン、ヨーン・ウッソン等が次の世代を構成し、私たちのジェネレーションはさらにその後の世代と考えてよい。それでは半世紀前に私が持っていたモダニズムと現在のそれは何が異なっているのだろうか。ひと言で言うならば五〇年前のモダニズムは、誰もが乗っている大きな船であった。そして現在のモダニズムはもはや船ではない。大海原なのだ。もちろん、五〇年前でも船の行き先は分からなかったが、少なくとも、船の後尾の白い航跡だけは確かなものだった。そうした中で、何か変化の予兆として聞こえてくるかすかな遠雷に気づいていた者ももちろんいたのだが。

第一次大戦後のパリがそうであったように、第二次大戦後はニューヨークが芸術家、建築家の交流の場になりつつあった。建築家・評論家であったピーター・ブレイク（Peter Blake／一九二〇〜二〇〇六）は彼の著書『No Place Like Utopia』（W. W. Norton、一九九六年）の中で次のように述べている。「われわれ一九四〇年代を戦争と大学で過ごした者にとって、五〇年代は何と素晴らしい時代であったことか。ことに建築と視覚芸術全般の導き手、ル・コルビュジエ、ミースといった人びとは頻繁にニューヨークにやって来た。そしてフランク・ロイド・ライト、ヴァルター・グロピウス、アルヴァ・アアルト、フレデリック・キースラー、ハンス・シャロウン、アルフレッド・ロート、オスカー・ニーマイヤーたちも。……振り返ってみると、彼等との出会いの中でもっとも興味深く思われたことは、彼等建築家たちが自作について語ろうとするものはごく稀であったことだ。そんなことよりも、アメリカで、特にニューヨークで何が起こっているかに関心を持っていた。そしてわれわれのような若者たちが何を考え、何をしているかに……」

この言葉はわれわれが同じ船に乗っていたこととの別な時代と場所からの証言でもあると考えてよい。同じ船の中にいるのだから、当然意見の衝突もあれば、同志として気炎をあげる者もいた。その結果、さまざまなグループが評論家、建築家も加わり誕生する。かつてチャールズ・ジェンクスは横軸に年代をとり、大小さまざまなグループがあたかも時間の中で浮遊し流れていく気泡のように示したチャートをつくった。大きなグループとしてTEAM X、メタボリズム、アーキグラム、そして後にポスト・モダニズムもレイト・モダニズムと共に挙げられているが、ニューヨーク・ファイブ、ティチーノ・スクール、アルド・ロッシを中心とするコンテクスチュアリズムのグループ、さらに限定された地域、各国に、私も知らない数々のグループが生まれ、消えていった。それは少なくとも同胞意識が建築家の中に未だ存在していた証しでもある。もちろん同胞意識にもそれぞれ差があった。例えば私はTEAM Xメンバーの中の人たちと長い付き合いがあったが、もっとも印象的だったことは具体的なデザインのスタイルや考え方は必ずしも同じでなくても、彼等は終生同志的結合を崩さなかったことである。それに対してアーキグラムは何か葉巻をくゆらすイギリスのクラブメンバーたちの集まりと考えてよい。そこでは機智と諧謔にみちた会話が広がっていった。一方、メタボリズムのメンバーは少なくとも一九六〇年の世界デザイン会議の前は、明日大事な試合を前にした野球選手のようだった。

一九八九年のベルリンの壁の崩壊とソビエト連邦の消失は、資本、情報そして欲望の流動化をかつてない速度と広がりで促進した。併せてIT技術の発達はモダニズムの内容を根本から変えてしまった。上に述べてきた半世紀にわたって時に現われ、また消えていったムーヴメント（運動）、マニフェスト（宣言）、そしてマニュアル的教本等は船と共に消失してしまったのである。あらためてモダニズムを言語で言うならば、明らかにそれは今日世界的な普遍語となった。今日言葉の世界では数多くの母語、国語の上に英語が普遍語の地位を獲得しつつあることは、ほとんど誰もが認めるところである。しかしこうした英語はかつて登場したラテン語、漢語のような洗練と成熟を目指す言葉ではなくなっているのだ。誰にでもおおよそ理解し得るコミュニケーションの道具としてのGlobishなる言葉に変容しつつあるのだ。この普遍語とモダニズムの現在を比較すると、興味深い理解に到達する。先に述べたように半世紀前、ル・コルビュジエ、ミース、アアルト、あるいはライトという数人のマスターを、しかもその四人の建築家はまったく異なった思想とスタイルを持った建築家であったのにかかわらず、われわれは同じひとつの船の偉大な乗客として歓迎してきた。それはなぜだろうか。モダニズムはもともとひとつの根っ子から生まれたものではないからだ。二〇〇七年四月に「二十世紀モダニズム建築研究の方向性」（建築史学会誌、二〇〇七年九月号）というシンポジウムが広島大学で開催された。そこでは自然に立ち向かう、例えばアスプルンドやアアルトに代表される生活感と生活意識に重点を置くモダニズム、ドイツの工作連盟に現れるより自由・平等を目指す啓蒙的運動としてのモダニズム、そして新しい革命的な合理主義を目指すル・コルビュジエを先頭とするモダニズム、そしてそれらが表現形態をめぐって純粋幾何学、表現主義、バナキュラーと複雑にからみあいながら成長してきたのがモダニズムの建築であることが、現在次第に明らかになってきたのである。

先に述べた資本主義＝情報化社会の登場はそれまでの緩慢な流れとしてのモダニズムの進展を許さなかった。そしてモダニズムは次第にさまざまなアイデアの撹拌器と化していった。スープでいえば、中にどのような素材が入っているかが分かるブイヤベースやケンチン汁でなく、食材が正体不明のポタージュ化しつつあるといってよい。それが最初に私が例えた大海原でもあるのだ。貨幣の出し入れのための銀行、知識（本）のための図書館、情報のためのサーバーのように、モダニズムはそこであらゆる建築の知識、情報の出し入れをなし得る巨大な媒体と化してきたのである。お金の出し入れの額や時期はそれぞれの建築家の個人的な判断にまかせられる。かつての師匠から弟子への伝承、アカデミー

（例えばエコール・ド・ボザール）が律した規範、近代におけるさまざまなマニフェストも消失した今、誰もが自由であり、何でもありの時代に到来したのだ。約三〇年前、私は「平和な時代の野武士達」（『新建築』一九七九年一〇月号所収）という小論で、師を持たず戦場を駆けめぐる野武士の像を描いた。その野武士の数はその後も確実に増えつつある。

昨年（二〇一一年）、私の事務所は日本、海外で六件のコンペ／プロポーザルに参加する機会を得た。同じ条件の中で、誰もが自分の案がベストであるという確信のもとで競い合うゲームである。そして参加者は内外ともアトリエ事務所が大半で、過去にも実績を持つ人たちが多かったので、その当落以外にどんな考え方を示すかに個人的な興味があった。

たまたま応募案を見る機会があった時に受けたもっとも強い印象は、その中に、自分がもっとも重要だと考えていたことに同様に共鳴している案はひとつとしてなかったということである。そして私自身、他の案の中で共感するものもほとんどなかったというのも事実である。これは私自身の案が他より優れているということをさしているのではない。おそらく私と同様に自分以外の案について同じような印象を持った人も多かったに違いない。このように今や建築家たちは皆、「建築にとって何が重要か」ひいては「建築とは何か」という命題に対して同じモダニズムの中でまったく異なった考えを持っているのだ。このことはわれわれが今や大海原にひとり、ひとり漂っていることを雄弁に物語っている。

## 建築評論の現在

私は東京大学で藤島亥治郎、岸田日出刀の薫陶を受けたが、特に授業の終わりのベルが鳴ってもやまない藤島節は常に情熱に溢れた講義であった。そしてハーバード大学ではジーグフリード・ギーディオン、そしてその弟子であるエデュワード・セクラーから西洋建築史を学んだ。また当時米国では在野の評論家として、ルイス・マンフォードがニューヨーク・タイムズの建築欄に論陣を張っていたし、ジェイン・ジェイコブスは後に発表する『アメリカ大都市の生と死』（一九六一年）の準備中であった。確かにギーディオンの『空間・時間・建築』（一九二八年）は、彼独特の視座に立つ近代建築史観であったが、その存在があったからこそ、それへの異議申し立てとしてのコーリン・ロウ、レイナー・バンハム、そしてマンフレッド・タフーリの論説が、西欧の近代建築史観に広さと豊かさを与えてくれたのだ。彼等の論陣がわれわれに先に述べた一隻の船の航跡を、そして時には何か見えない未来への暗示も与えてきてくれたのだ。近過去、特に現在からほぼ五〇年前から二〇年前までの近過去を知ることは、われわれの現在を知る上でもっとも重要なことではないか。二〇年前以降はあまりに現在に近く、適正な判断がしにくく、また五〇年前以前は既に記述されたものも多いためにこうした時間帯を設置してみた。確かに大海原は船上と異なった新しい視点を建築に要求している。

しかし歴史が必ず存在する以上、過去との関連において現在を知る必要がある。それは例えば、新聞や情報誌の取り上げる「今年一年の総括」といった類いのことで判明するものではない。現在、世界的に見てもマクロな視点からの論評が少なくなっている。日本では建築家のお友だち評論家はいても、大きな世界の潮流の中で建築とは何かを論じる人は少ない。ひとつには一九世紀以来、近代建築の後発国であった日本では、確かに他の国々の科学・文化のジャンルと同様にいかに相手を知るか、先進国では何が起きていたかについて、先人たちが例えば翻訳研究を通じて建築家の理解を助けてきてくれたのは事実である。しかし今や建築家たちが大海原の中で国境を越えて活動している時、同じ視野と視線が建築評論にも求められているのではないだろうか。

このような視点に立つと、例えば三年前建築家、北山恒の「潮目を読む者は誰なのか」(『新建築』二〇〇九年四月号所収)という短いが興味ある文章は、一九世紀後期から二〇世紀初頭にかけて建築デザインに起きた大きな地殻変動が、今日まったく異なった理由と様相において、すなわちマーケットとコモンズの抗争というかたちで起きつつあることを指摘している。

一方、著作ではないが、「メタボリズムと未来都市」展が二〇一一年九月から二〇一二年一月まで六本木の森美術館で開催された。その四カ月間、久し振りに日本の社会は大文字の「建築」に触れる機会を得た。それは五〇年前に丹下健三やメタボリストたちが中心に仕掛けた建築のビッグバンが、現在のわれわれを知る上においてもきわめて重要であることを示唆している。

これに先立ち、このエキシビションのキュレーターでもあった八束はじめの『メタボリズム・ネクサス』(オーム社、二〇一一年)、そしてその後すぐに発刊されたレム・コールハースとOMAのシンクタンクであるAMOによる『Project Japan』(平凡社、二〇一二年/Taschen、二〇一一年)、そして最近出版された豊川斎赫の『群像としての丹下研究室』(オーム社、二〇一二年)の三冊の本を通してわれわれはもう一度、このビッグバン前後の日本の建築界の状況と現在の状況を新しい視点から比較、理解することができるのである。そしてこれらの著作は来年生誕百年を迎える丹下健三へのオマージュと考えてもよいだろう。

## Ⅲ　建築はどこで人間とかかわり合うか

二〇〇八年の米国発の経済危機、世界同時不況……グローバリゼーションは単に経済のみならず、政治と何か、国家とは何かと、視野を広げた議論をわれわれに迫るようになった。ハーバード大学教授のアマルティア・センは三年前の朝日新聞のインタービュー(朝日新聞、二〇〇九年二月二十四日)の中で、国を超えて人びとを統合するような市民運動は可能かという問いに対して、次のように答えている。「グローバルなアイデンティティは誰にもある。それは他者への基本的な同情心だ。道で転びそうになる人を見たら、その人がどこの国の人か、何教徒か、何語を話すかを知る前に、思わず支える……」。ノーベル経済学賞を受賞した碩学ですら、最後は人間の問題だと指摘しているのが興味深い。未来学者のロベルト・ユンクは「二一世紀に世界を支配するのは経済指標の最高位を示す国ではなく、機械と人間の共存を解決した国である」と言い、またノーベル賞受賞物理学者であるデニス・ガボールは「次の時代は自然と闘う時代ではなく、人間自身が持つ性質と闘う時代である」と言っている。これらの言説は「人間とは何か、何であるべきか」の問いに収斂していく。それはグローバリゼーションの世界がもたらした必然的な問いでもあるのだが。

建築も常に施主、利用者、訪問者、そこを単に通過する人、そしてその建物が存在する集落、あるいは都市の人びとと接することによってその存在が確認され続ける。そしてその人びととは世界に共通する人間像(普遍的な人間像)とそこだけにある人間像の二重像として存在する。幸い普遍的な人間像は古今東西あまり変わらない。喜怒哀楽、情念、嫉妬(男の嫉妬は女のそれより常に大きい)、欲望、恐れ、誇り……。特に動物のDNAから受け継いだ恐れは原始人の生活にとっては生死の問題にも深くかかわりあっていた。有名なジェイ・アップルトンの『隠れ家と眺望』(一九七五年)は、他に見られず、自分は他を見れる住み家としての場所の選択と構築から始まる。洞窟、樹上……。それらは後に触れるアートの建築として再び今日建築界に登場してくる。

ギリシャ語で恐れをあらわす言葉の語尾にフォービア(phobia)がある。高さ、暗さ、密集等ある空間の状態を示したものが多いという。子どもは共通してひとつの空間の状態を示されると類似の反応を示す。隙間への潜り、一直線の道での走り、低いところへの跳び下り、円弧のぐるぐる回り……。子どもはまだ動物から受け継いだDNAを濃密に持っているからだ。建築家の仕事とはある特定の、あるいは不特定の個人、集団のために望ましき環境の構築を行うプロフェッショナルである。そのことは常に普遍性と特殊性を持った人間たちを相手にしなければならないことを意味している。

## 建築の空間化

一方、建築デザインの特殊性はそうした複雑な要請を、与えられた時間と条件の中で常に白紙の状態から構築しなければならないことにある。その特殊なプロセスと目的に対して、私は次のような三つのプロセスによって、建築と人間のかかわりあい方をより明確に理解し得るのではないかと思う。それは第一に、与えられた多層の人間の要請の空間化であり、第二に、その空間の建築化であり、第三に完成したものの社会化である。なぜまず空間化なのか。私は時に優れた建築のイマジネーションとは空間化と建築化の同時発生現象に存在することは充分に承知している。しかし大海原に放り出された若者にそんなイマジネーションを要求しても、彼等は沈むだけである。

沈まない作業とは与えられた人間たちのための好ましい空間の構築を指す。私自身、恐らく設計作業の八〇パーセントは建築化の仕事にある。しかし空間化の作業は、建築家がもっとも濃密に、既に述べてきた「人間とは何か」「人びとは何を求めているのか」の問題にかかわり合いを持ち、またかかわり合わなければならない作業なのである。建築家と建築家でない人とのやりとりとして、例えば自宅の設計を依頼する側が簡単な間取りというスケッチに彼等の希望を表してくる場合が多い。そこでいわゆる平面図のやりとりによってコミュニケーションが進む。このように平面図は建築家にとっても空間構築の第一歩として昔からもっとも明快で有効な手段であったことは今も変わりない。その後、英国、日本では建築計画学が盛んになり、人間動態、調査を含めて、より科学的に集合住宅、学校、図書館等について、広範なカタの研究が進展してきたのは周知の通りである。しかしより上位の新しい教育や研究作業のカタの出現はこうした従来の施設のあり方を根本的にくつがえすこともある。例えば私の限られた経験からもいくつかの例を挙げることができる。シンガポールの「シンガポール理工系専門学校キャンパス」では、英国で始まったプロブレム・ベースド・ラーニング(PBL)の教育システムを採用することによって従来のクラスルームが支配するキャンパスは消失し、まったく異なったカタのキャンパスが出現した。また、「MIT新メディア研究所」は学際的な研究の創造性を促進する媒体としてのラボのあり方が問われ、その結果、新しい透明な空間の集合体が生まれた。しかしこうした新しいカタの萌芽は既に与えられた教育空間で教えるもの(管理するもの)と教えられるものとの間の関係の時代的な変貌の中に読み取られるものである。少し高いステージから多くの生徒を監視することを前提とした空間構成に対し、時に空間の中心に座った先生のまわりに生徒が取り囲めるような可変性を持つことが現在要求されている。劇場の演技する者と、見る者の関係にも同様なフレキシビリティが要求される。ここで興味あるのは既にミシェル・フーコーによって視線による、見られる者に対する管理のあり方、権力の行使が適確に語られていることである。そしていかに最小数管理者によっていかに多数の囚人を管理し得るかという近代社会が要求する空間関係にも触れている。その視線による管理・支配は当然一建築物にとどまらず、より広い都市空間のあり方にかかわり合ってくる。視線による空間の支配、あるいは威圧は、バロック空間にも明快に見ることができる。近代都市計画とはそもそも産業革命以降混乱をきわめた都市の管理の効率化を目指す目的のためにつくられたからである。われわれは視線の力学がいかに古くから深くわれわれの行動を律してきたかをあらためて知ることができる。〈見る・感じる・行動する〉という単純な人間の動きの原理は、与えられた条件の中でより複雑に展開していく。つまり人間の欲望、ニーズの空間化は、建築設計の第一歩である。しかし、見る＝感じるという行為の中に既にそれぞれの文化圏によってまったく異なった様態をわれわれは発見するのだ。例えば、日本人は必ずしも視線の貫通を好まない。京の町家の構成においてもさまざまな工夫が空間の領域、仕切りにほどこされていることはよく知られている。限られた大きさの中での奥行感の増幅を目指す文化である。それは山中の寺院への経路においても金毘羅宮の例にもあるように、地形を巧みに利用した曲折路が少なくない。フーコーのいう視線による支配のあり方も文化によって強弱と曲折があることが明瞭になる。

それではわれわれのまわりの現代建築の中で、空間化の作業がそのデザインの骨格を決定した優れた例はもちろん無数にある。その中からオランダの建築家でTEAM Xメンバーであったアルド・ファン・アイク（一九一八〜九九）の代表的作品のひとつであったアムステルダムの孤児院のユニットプランを取り上げてみたい。四〜六歳の孤児たちが数人小グループをつくり、それぞれがプライベートのエリアとドーム状の天井を持ったパブリック・エリアを持っている。そのパブリックエリアは二方が壁で中央に少し凹みを持った領域があり、二重の結界を持つと共に、さらに開口を持った小さな円筒状の隠れ家が床の低いところに挿入されている。そしてここは小さな中庭に向かって視線が開放されていると共に、もうひとつの透明な少し小さな空間を通して斜めの視線が前とは異なる外部空間にリンクしている。彼はそれまで子どもの公園をいくつもデザインしているが、その経験を踏まえて、この孤児院では子どもたちはどのような空間を喜ぶかを綿密に研究し、簡明な幾何学の形態にそれらを表現している。今日、その用途こそ変更されたが、当初のひとつの空間体に対する思考のプロセスは今見てもその新鮮さを失っていない。そこでは個、小グループ、そして全体構成のリズミカルな連続性をつくり出す理性の世界の見事な所産ということができる。

私は空間化の作業は普遍的な人間像と、その建築が成立した時代、地域、場所に存在する特殊な人間を相手に進められると既に述べた。例えばわれわれの場合は日本人であるから、日本人特有の空間に対する習性、好悪を考えていかなければならない。例えばこの章で日本人の視線は必ずしも単純な透過性を前提にしてはいないことも指摘した。しかし今日、異なった文化への理解も進む中で、ひとつの文化の所産である空間のカタが他の文化圏においても新鮮な提案として受け入れられることも往々にしてあるのだ。一九世紀の初頭、一八三三年にドイツの建築家、シンケルによってポツダムに完成したヴィラはその平面構成においてモダニズム建築の先達と呼ばれている。それまでの中央に玄関を設け左右対称に部屋群を配置したバロック形式に対し、端部からのアクセス、非対称の部屋配置、位置によって外部への視線の変化、そしてそれに呼応したランドスケーピング、それらは全く革命的なデザインであった。しかしこれを桂離宮の平面と対置してみた時、既に桂離宮においては遥か数世紀前、シンケルのヴィラと同じ原則に基づく平面計画がそこに存在し、しかも各空間を連結する廊下、縁側等はより複雑で、しかも空間間の視線のあり方も一層ダイナミックであることを発見する。これは私見であるが、亡命前ブルーノ・タウトはベルリンからさほど遠くないマグデブルグのシティアーキテクトであることを考えると、彼は当然このシンケルのヴィラを知っていて、それだからこそ桂離宮に遭遇した時に驚愕したのではないかと思われる。

襖、障子、簾等の結界によって外・内部空間、あるいは内部空間同士の自由な遮断、連結は当然独特の空間感覚を持った文化を形成してきた。私はこの結界を「空間のひだ」と称しているが、日本では比較的狭隘な空間に豊かさを与えるために、樹木も含めて多層結界による空間化を歴史的に発展させてきた。それは当然周知の「奥」の思想に繋がるものである。例えば桂離宮と同じ京都に発達した町屋は細長い敷地に多層界を持った高密度住居である。こうした日本の空間の特性は無意識のうちにわれわれ日本人の空間への評価、あるいは姿勢をかたちづくっていく。従って、空間化の作業とは、こうした特別な文化を通してあらわれる人間の願望を理解しつつ進める作業でもあり、そこで建築家が人間と濃密にかかわり合う機会があるのだ。われわれは町屋のように歴史的に発展してきた優れたカタをそのまま現代のさまざまな空間化の作業に取り込むことは困難な場合が多い。その時重要なことは、そのカタの背後にある空間の特性、スケール、質について考察し、それを現実の提案の中に組み入れていくことにある。さらに日本の空間の特性として隣接する空間が常に、気配によってあるいは曖昧な仕切りによって理解されることが多い。壁によって仕切られた空間よりも流れのある空間を好む性向がある。アメリカ人は天井の高さについて、デンマーク人は遮音に対して日本人よりも神経質である。そして日本人の場合、空間の暗さ、明るさに対する許容幅はきわめて大きい。このように空間化の作業は、われわれによりよくその地域に住む人間とその背後にある文化の特性に対する知識を教示してくれるのである。人間集団にとって空間に対する身体的思考のもっとも具体的な現れは領域（ないし領域感）であり、時間の経過と共に、あるものは心象化され、観念化されていく。領域は個人、集団にとってさまざまな意味を持つ。自己が所有し他人を斥けることによってその存在を誇示するもの（城）、集団として使用することによって共同の帰属感を分ちあうもの（広場）あるいは強制された状況のなかで限定した領域のみが許される場合（獄舎）などさまざまである。この意味でわれわれが設計対象とする建物そして外部空間において、領域の設定は機能論的領域概念から意味論的領域概念も含めたより複雑なものになっていく。そして領域を具体的に捉え思考していく時、われわれは必然的に設計対象としている空間に身をおいて考えていくに違いない。そしてそれは自然に、ある情景の構築化へと繋がっていくのではないだろうか。

かつてパリのル・コルビュジエのアトリエで働いていたインドの建築家バルクリシュナ・ドーシ（一九二七〜）から興味のある話を聞いたことがある。彼があるスケッチの平面図を見せると、ル・コルビュジエは「ちょっと違う」と言った。そして鉛筆を使いながら「このように人びとがやってきて、そしてこっちの方に流れていくのだからこの方がいい」と。そこに彼自身のつくり出す情景によって、空間を規定していこうというデザインへの姿勢がうかがわれる。情景の構想化は、その建築家にとってより自由な創造の領域でもあるのだ。そして情景の構想化は必ずしも紙、鉛筆、あるいはコンピュータを必要としない。それは昼夜、場所を問わず、頭の中で描き出し、消し、またつくりだす作業でもあり得るのだ。そこに建築家のもうひとつの創造力のあり方が問われている。それは文学者がフィクションを構想化するプロセスに似ているところがある。

　またこれと関連して、特定の個人、集団の明確な意思表示がなくても、彼等の潜在的欲望を的確に判断し、それを空間化することも建築設計の創造的行為のひとつである。そのためにはもう一度最初に述べた人間に対する興味が必要である。私が日本の大学を卒業して渡米したのは一九五二年であった。そしてその頃米国では、文化人類学、都市社会学の研究が盛んであり、いくつかのそれに関連したコースをとることができたのは今でも貴重な経験として深く記憶に残っている。また、エコロジーという言葉もその時始めて聞いた。ただし当時エコロジーの定義には、プラント・エコロジーとヒューマン・エコロジーのふたつがあった。プラント・エコロジーは今で言う自然との接触領域において、ヒューマン・エコロジーは人間生態学、即ち上に述べた文化人類学、都市社会学や行動心理学に接する領域であった。

　空間化のプロセスとは空間の領域の設定の中で人間の身体的反応を測定しながら進められる。その中から適切な空間のスケール、あるいは構成素材の選択、空間の明るさ、自然光の採取の手段、時に細部のデザインの発想にまで繋がっていくのである。ここで細部のデザインのもっとも優れた例のひとつを挙げておきたい。それはエリック・グンナール・アスプルンド（一八八五〜一九四〇）のゲーテボルグの裁判所の拡張計画のインテリアである。この建物はアスプルンドの代表作品のひとつに挙げてよい秀作であるが、その中央のアトリウムの中二階を隔て側壁の高さは床から約一メートルちょっとである。そして側壁に沿った椅子に座ると横長の小さな開口を通じて上下の視線が通じるかたちになっている。そこに見たい、見せたくないという人間の本能を巧みに考慮した美しいデザインが呈示されている。優れた空間化は時に総体として優れた建築をつくり出す契機になるとともに、優れたディテールの母胎ともなるのである。われわれは空間化の作業を通して、自然界の動物から、そして複雑な社会機構のプロダクトとしての人間像のあり方まで多くのことを学び得ると同時に、創造的な建築への啓示を受ける機会も度々あるのだ。

## 建築化

建築化は現在私も含めてほとんどの建築家がそのデザインの造

型で多くの時間とエネルギーを注いでいる設計の段階である。

既に指摘したように、空間化と建築化（空間を覆う作業）は時に同時発生的であったり、微妙に相互に干渉しあうプロセスを取ることも多くあるに違いない。しかし、空間化、建築化とふたつの設計のプロセスに分離した理由は、人間のかかわりあいという視点からその差異性を明確にしておく必要性があったからである。空間化の作業が、直接的な建築と人間のかかわりあい方を軸に進められるのと異なって、建築化は人間の集団を構成する上位に存在する社会的欲望とでも称する力によって推し進められることが多い。

それでは社会的欲望とは何なのだろうか。思想も、方向性も、スタイルもない、なんでもありの大海原の中で、尚、傑出した社会的欲望はふたつあると思う。ひとつは進歩に対する信仰であり、もうひとつは従来の建築の規範を破る試みにある。そして両者とも建築化の過程で、一段と顕著となる建築家自身の欲望とも都合よく重なりあってくる。一方、前者は現在でも長い建築史を貫く社会的欲望であり、後者は今日の時代性をよくあらわした現象であると言ってよい。

まず進歩の方から述べてみよう。古代の石の建築では、石の採取、運搬、加工、構築はそれぞれの段階で特殊な知識、技術が求められ、そこから工匠・建築家というプロフェッションが誕生したことはよく知られている。木造についても同様である。今日の建築家は、日本では耐震も含めた構造システム、設備システム、内外装材、工法等厖大な選択対象から与条件の中で最適な組み合わせによって、それを建築家のイメージにあわせながら建築化している。そこには、社会の要請としてのサステナビリティの問題も当然参加しなければならない。先に挙げたロベルト・ユンクの言によれば機械即ちここでは建築との共存のあり方が、最終的に問われているのである。さまざまな技術革新は確かに、より快適な生活空間の構築を目指して今後も推進されるであろう。もしもこのドライバーが基本的には理性の世界の所産であるとすると、もうひとつのドライバーは感性の世界の所産でもある差異性の追究である。マイク・フェザーストン流（『国際文化会館会報』Vol.11）に言うならば、それはかつての上流支配階級から次のより幅のひろい中流階級に波及した今日の消費社会が必然的につくり出している欲望なのである。ここでは芸術と日常生活の境界がぼやけていき、芸術は日常生活の消費者文化的な風景の中にあることを示唆している。もちろん差異性の作業は単に建築家の欲望にあるだけでなく、そこに建築を依頼する側の欲望の存在がそれを可能にしている場合が多いことに注目しなければならない。

今年、インドのアーメダバードを訪れる機会があった。建築家バルクリシュナ・ドーシが主催する大学CEPTの広場の一隅にGUFAという洞窟状のギャラリーがある。ギャラリーを依頼した画家との共作である。その天井、天井の開口、壁、床、支柱はすべて曲面体であり、カルテジアンの座標系は存在しない。高度なエンジニアリングを駆使した構造体であるが、その構築はすべて森に住む部族たちの手によってなされた。彼等はつくる間、歌い、踊ったという。このキャンパスに来る人びとは気軽にこのギャラリーにもぐりこみ、一刻の非日常的体験を楽しんでいくようだ。子どもも老人も。藤森照信の樹上の茶室（高過庵）は見る者の目を楽しませる。子どもも大人にも驚きをもって。今、世界的に従来の建築の枠を超えたさまざまな試みがいたるところで出現している。それは場所を問わず、年齢も問わない。

ドーシがＧＵＦＡを設計したのは七〇歳の時であり、藤森の一連の樹上の住まいの作品は彼が五〇代になってからである。そして両者の作品に共通しているのは、そこに古代からの人間のひとつの夢が存在していることにある。

## 社会化

社会化にはふたつの様相がある。ひとつはものとしての与えられた環境の中での持続力。他は当初意図された目的の充足性。そして目的がたとえ消滅してもその建築が集団の記憶の対象としての価値のあり方。そして自明のことであるが、建築が完成した時点で、建築家がその後の価値構築に関与する機会は少ない。まずものとしての持続力、風化について述べよう。モーセン・ムスタファヴィとデイヴィッド・レザボローの共著になる『時間のなかの建築』（黒石いずみ訳、鹿島出版会）のエッセイで、彼等は古典から現代までのさまざまの建築の時間的変化を通して、建築自体の生命、あるいは運命に対して深い洞察を行っている。一方、二〇世紀を中心に展開してきたモダニズムの建築に対し鋭いクリティークを提供すると同時に、そのクリティークを通じてモダニズムの建築が持つ特異性を新しい視点から考察することも忘れていない。

モダニズム以前、建築は基本的には有機的な素材でできた石、煉瓦、木、瓦、漆喰などでできていた。さらに生産性、快適性の向上に応えようとして、さまざまな、より複雑な無機質の素材への依存度を高めているモダニズムの建築も、ともに、いずれは風化という現象には直面しなければならない。しかしその生命を維持させるためには素材の選択、ジョイントの劣化を防ぐディティールの配慮、工法の工夫が一層必要となる。この本でも多くのよく知られたモダニストたちのこの問題に対する試行錯誤も語られている。そのことはいかに建築のものとしての品質とその維持、その維持のための所有者、建築家の愛情の有無が、建築のものとしてのサステナビリティのために不可欠であることを示している。

日本は現在世界に誇る高度の施行技術を持っている国である。にもかかわらず、建築そのものの寿命は他国のそれと比較して、住居を始め格段に低い。もちろんそこには税制のあり方も含めてさまざまな理由があるのだが、国全体として建築文化保存への意識の低さが指摘されている。スイスでは質の低い建物をつくることは許されない。それは最初は個人の資産としての建物であっても長期的には、やがて社会資産となり得ることを国のレベルで保証しているとも言えるのである。

今日、建築、建築も含めた環境のサステナビリティが盛んに問われている。$CO_2$の削減に向けた積極的な自然エネルギーの利用、高度の断熱材としての外壁のあり方、また各建物を小さなエネルギー・ステーションと見立て、インターネットによって同じスマート・グリッドの中での新しいインフラの構築を目指す等、先に述べた技術をドライバーとした努力と顕示が世界的に行われている。

しかしその建物が本当に社会的に有用であるかというソーシャル・サステナビリティについては、まず建築というものが他の一般の耐久消費財とどこが異なっているか、そこから検証していかなければならない。ひとつは、建築は精密機械のように部品のひとつが壊れると全体の効用を失う、いわゆる高度のクリティカリティを有していないために、部分のリノベーションが可能であるだけでなく、長い年月を経た後、異なった建築家によって、その内部が新しい生命を獲得することすら可能なのである。それはイタリア・ヴェロナにおけるカルロ・スカルパの仕事が雄弁に物語っている。そしてそこには歴史の異なるふたつの時代の建築の対話が見事に成立している。これらの例は、建築が貴重な歴史の証言者としての社会財であることを示している。しかし建築はその多くはそのままオリジナルの空間を通して社会化されていく。図書館はそこで、本を借りる、そして読む場所を提供するところである。しかしそこに何回も通ううちにその中での空間体験がその人にとって身体化されていくのである。彼にとっていちばん好ましい席に座って、そこから好ましい風景を窓を通して見る……。それが図書館へのリピーターを形成していく。同様な経験は美術館、あるいは劇場の空間体験についても言えるであろう。多くの人びとは子どもの時に何を見たかは覚えてなくても、その場所の記憶はより鮮明である。昭和一桁生まれの私にとって、暗い坂に沿った菊人形の展示場、ドイツから来たサーカスの天幕小屋のイメージは今でも忘れられない。自分の家のまわりに気にいった散歩道を発見した時、その人は町の一部を身体化したと言ってよい。戦災、あるいは災害によって荒廛と化した場所に居住していた人びとが最初に求めるのはかつての日常生活の回復であることはよく知られている。そうした日常生活を包み込む身体的体験のできる場所、空間を希求しているのである。

代官山のヒルサイドテラスのフォーラムという展示ギャラリーの一隅に広場に面したカフェがある。たまにそこに昼食に行くと、ひとりの初老の人がいつも同じテーブルに座って前方の旧山手通りの人びとの往来を眺めているのを見かける。卓上には四分の一瓶の赤ワインが置かれ、やがて半分位、赤ワインをあけると、やおらサンドイッチに手を出す。コーヒーも含めて、小一時間位、彼にとって儀式化された孤独の一刻を楽しんでいる。ニーチェは孤独は私の故郷であると言った。彼もそこに自分の小さな故郷を発見したのかもしれない。カフェの人に誰かと聞いたら、近くの教会の牧師さんだという答えが返ってきた。先に〈空間化〉のところで情景の構想化について触れたが、二〇年前ここを設計していた時は、もちろんそんな光景を夢想だにしていなかった。

人びとはこのように建築や場所の一部を身体化していく。そして〈時〉が個人個人のレベルを超えてひとつの社会意志を次第に形成していく。集団の記憶の証しの保存への欲求が、今日多くのところで行われている建築の保存運動のライトモティーフなのである。

空間化のフェイズにおいて、まず建築家はそこに参加する人びとも含めた〈人間のあり方〉にもっとも濃密にかかわりあう。そして建築化においては建築家の意志、あるいは技術、市場といった、より抽象化された社会意志が強く作動し、人間のあり方についての直接的な触れあいは少ない。もちろん空間化と建築化がきわめて初期に同時進行していく場合は例外として。そして社会化において、今後は建築家をぬきにして、建築と社会が人間を中心に直接かかわりあってくる。そこでは使用者、利用者はもちろんのこと、その背後にある社会意志も参加することによって、建築と人間は再び濃密な関係を長期にわたってつくり出す。そして建築の社会的価値はこのフェイズで確立される。建築家たちは建物が完成した直後に、賛辞、批判を聞くことは多い。しかし自宅でない限り、あるいは修理改修の要請があった時だけの細々とした関係を維持していくことが多い。しかし、かつて建築家たち、あるいは工匠たちはコミュニティ・アーキテクトとしてその責任を果たしてきた。グローバリゼーションは多くの場合、建築家あるいは建築と社会の間の信頼関係を破壊してしまうことも少なくない。世界的にも著名な建築家が依頼された遠隔の地のプロジェクトに対し、図面だけ送り、完成後も含めて一度も現れなかったという話を一度ならず聞いたことがある。

先に建築の生涯云々と言ったが、建築も人間の一生に似たところがある。建築家の手を離れた建物は新しい親もとに預けられた子どものようなものだ。その後の育てられ方は全く親次第である。そして親たちが気に入った建物はよく手入れをしてくれている場合が多い。使用者と建築家の間の相互信頼関係がそこに深くかかわりあっている。また、当然、ものとしての建築の確かさを彼等が手応えとして感じていることも重要なのだ。

そしてその死も突然やってくる。そしてその死因もさまざまである。耐震力の不足、敷地の高度利用化、原機能の喪失……。次のような話がある。一九九〇年代中頃、オランダ北部の都市フローニンゲンから浮かぶ劇場の設計依頼があった。フローニンゲンは中世のハンザ同盟に属した運河都市である。長い冬から解放された夏になると街を挙げてさまざまなフェスティバルが行われる。そのためのこの施設は幅六メートル、長さ二〇メートルのコンクリートの船体にスパイラル状のテフロン幕の屋根をつけて運河を練り歩く。できた時から好評で数年間は劇、音楽、詩の朗読会等さまざまなイベントに利用されてきた。しかし、最初の夏のフェスティバルに間に合わせるために安い素材を天幕に使った故か、数年後にはボロボロになって、どこかにお蔵入りになってしまったという話を聞いた。それから一〇年たったある日突然、見知らぬ市民のひとりから一通の手紙が私のところに届いた。その手紙は「今貴方のつくったパビリオンが廃船にされようとしている。しかしオランダでは公共のものはその建築家が反対すれば廃棄できない法律がある。われわれはあの船を是非復活させたいと思うので、貴方が市に反対の手紙を書いてくれ」という依頼であった。もちろん手紙を市に書いた。そして昨年、当時市の担当者であった知人から手紙が届いた。「喜んでくれ。予算がついた」。これを人間の話に変えれば、次の様になる。海外で迷子になったひとりの子どもがいた。親切な土地の人がその子を見つけて、一命を助けてくれた……。

## Ⅳ 大海原の中で

それではわれわれは今どこにいるのだろうか。われわれの数限りないアクティビティはどのような表層を大海原のなかで形成されているのだろうか。まずわれわれが浮遊する大海原はフラットではない。フラットであればお互いの可視化は困難になる。おそらくさまざまな大きさの小波、時にうねりが発生し、そして互いに干渉し合い、時に消滅していく。そんな様態が容易に想像され得るのだ。もしもモダニズムの特徴が時間（プログレス）にあったとするならば、大海原はより空間的、即ち個々の位置関係、力関係に関心が集まる。チャールズ・ジェンクスが建築におけるポスト・モダニズムの到来を宣言してからほぼ半世紀たつ（『ポスト・モダニズムの建築言語』、一九七八年）。その影響はそれを受け止めた地域、建築家によってさまざまであった。そして現在、日本のポスト・モダニズムの中で、特に建築に関する言説は少なくなった。しかしかつてモダニティは時間を強調したが、それに対してグローバルな空間関係を強調するポスト・モダニティの世界にわれわれがいることには間違いない。先に〈建築化〉のところで、ふたつのドライバーについて指摘した。また、そのふたつに共通した力は〈新しさ〉の追究であった。技術の世界ではそれが進歩への欲求、あるいは市場の要請である限り、推進されるであろうし、それはまたモダニズムの本質でもあった。しかし今日、かつて以上に、〈新しさ〉即ち従来の建築の規範を破るような新しさへの関心の強さは何に由来するのだろうか。

アートとはそれをつくるものの願望の世界の表現体である。幼児の描く自由な図像と色彩の世界はその第一歩である。それは差異性に価値を求め、自己のアイデンティティを確立しようとする姿勢でもあり、それが前世紀とはもっとも異なった現象である。もっとも一世紀前シカゴトリビューン・タワーのコンペ（一九二二年）におけるモダニストたちの建築に既に現れている徴候なのだが、違うのはそれを受け入れる時代が出現しつつあることにある。時には面白いじゃないかのひと言で十分なのだ。そしてその特長はそれまであったランドスケーピング、インスタレーション、彫刻、あるいはコンセプチュアル・アートと称される領域に限りなく接近し、融合していく。それは社会全体に建築に対する興味と関心を拡大していくのには貢献している。最近カタールに完成したリチャード・セラの三〇メートルの高さに及ぶ鉄塔はちょっとした建築を圧倒する力を持っていると想像される。彫刻の方もまた建築に接近しつつあるのだ。

建築家というつくる側から見れば、技術の領域のように複数の人間とかなりの年月によってその成果を問われるのと異なって、才能さえあれば自分の夢を端的にひとつのかたちで世に問う機会も着実に増えている。コンペ、展示、インスタレーション。最近身近に目撃したことなのだが、大人のインテリアコンペに八歳の女子が最優秀賞を獲得しても、誰もそんなに驚かない時代なのである。但しここで留意すべきことは、その多くが、ポスト・モダニティの世界特有の現象として、消費される速度もまた速いということにある。ここでも〈社会化〉の中でその寿命が決定されるのである。いかに珍しい形態を持ったオフィス・ビルであっても、またいかに巨大なスーパーマーケットであっても、一度そこに入るテナントがいなくなればその建物は廃絶の運命にたたされる。それに対し、パリのエッフェル塔、ミラノのガレリアは恐らく消費され尽くされないであろう。なぜならそれらは既に社会的資産になっているからである。このように建築に対する新しい社会意識が生まれつつあったとしても、それだけがこれからの建築文化の中心的ドライバーになっていくとは思えない。建築の価値とはもっと複雑なものである。

医療には「人の命を助ける、病気を治す、病いを防ぐ」という社会的に認知された使命がある。だから医療のプロフェッションが成立している。建築はどうか。ひとりひとりの建築家はそれぞれが独自の思想、使命感を持っている。あるいはひとりの周辺に何人か同じ意見を持っているかもしれない。しかしその何人かが新しい建築文化をグローバルなレベルで押しすすめ得るのはきわめて困難である。それはすべての意見、価値が相対化しつつあるからである。母語に相当するバナキュラーの建築、普遍語に相当する様式建築が長くひとつの建築秩序を維持してきたことは既にこのエッセイの冒頭で述べた。二〇世紀に入って出現したモダニズムも当初は「なぜモダニズムか」という使命感と思想を持っていた。実現したものだけでなく、多くのunbuiltの中にも。既に指摘したように、「なんでもあり」の時代に突入し、モダニズムが巨大なインフォメーションのプールと化すると共に、思想もスタイルも姿を消す。使命も時に一緒に。

それでは果たしてうねりは存在するのであろうか。それではわれわれはどこに向かって泳げばいいのだろうか。潮流はあるのだろうか。たまには小島でなくても、浮き板くらいには遭遇できるのだろうか。先に医療には「人の命を助ける。病気を治す。病いを防ぐ」という明確な目的があると言った。そしてわれわれは毎日のように、どの治療方法が画期的か、どの新薬がよく効くか、あるいはどの医師が神の手を持っているか等々のインフォメーションを受けている。それは医学界をして社会一般の間で広く共有されている知識であり情報でもあるのだ。そしてメディアもそれらのインフォメーションの共有化に積極的に参加している。

建築の世界には医療の世界のような社会とインフォメーションを共有する基盤は少ないか、あるいはあまりにも拡散化されてしまっている。そして建築内部の世界においても、Aという建築がBという建築より優れているか否か、判断の基準も持たない。少なくともアートの世界にはマーケットの値段によってその差異性を判断することができるが、建築にはそれもない。もちろん、ないことがよいことでもあるのだが。しかも、このような比較検討による格付けはさらに〈社会化〉による社会価値云々を考慮に入れることになれば、ある時間を経過したものしかその対象になり得ない。建築は自動車や家電製品ではないのだから。

したがって、これ等注目に値する建築群はキラキラと光り輝く小波として大海原を浮遊し続ける。どれに関心があるのかは貴方次第なのである。

## 共感のヒューマニズム

それではうねりもないのだろうか。私はあると思う。それは二一世紀という時代は確かに大海原ではあるが、水面下ではグローバル社会の特質としてさまざまなネット・ワーキングが出現しつつあるからである。私見では少なくとも私の身辺にもふたつはあるようだ。ひとつは広義の新しいヒューマニズムである。それはもちろんルネサンスのヒューマニズムでもなければ、また二〇世紀初頭にスカンジナビアを中心に現れたヒューマニズム、あるいは浜口隆一のヒューマニズムでもない。それは明確なテクストやスタイルも持たない。しかし、対象となる建築の形態・空間に秘められた、そこで人間をどう考えたかの思考の形式が消費されない社会性を獲得したものへの評価にある。建築は人生と同様滅びるものである。しかし遺された思考の形式は滅びない。具体的な例として、次のようなものが思いつく。本が人びとに問いかけてくるような図書室。視る者と視られるオブジェによって、ひとつの世界がつくり出されるようなギャラリー。ひとりの孤独の時間と場所が保証されているコミュニティ施設。子どもたちが興奮するような物象や空間のある建物。時には過去を、あるいは未来を喚起するような庭園。ひとりでも百人でも温かく包み込んでくれる空間。新しい家族やコミュニティの生活のあり方への眼差しを持った空間。そして「これで安心して死ねます」と市民が言うような葬祭場……これらはすべて望ましき人間と空間のあり方を示唆している。しかしこれらはクリストファー・アレグザンダーのパタンランゲージではない。

これらは小説であるならば、全体を暗示する出だしの一行であり、建築家はそこから全体を紡ぎ出していかなければならない。多くの人間の共感を呼び起こすような、あるいはそうした人間性のあり方を求める姿勢がそこに存在するような建築を共感のヒューマニズムと言ってもよいだろう。共感は今世紀のＩＴ社会ではわれわれの生活のあり方を左右するキーワードである。それは建築においても、その価値を決定するためのひとつの要因となることには間違いない。もちろん共感のあり方も、対象、地域、時代によってダイナミックに変化し続けるであろう。それ等が大きなうねりになり得るか否かはまだ分からない。

## 言語・風景・集い

しかし、大海原は必ずしも一様ではない。太平洋、インド洋もあれば地中海もある。そこには地域的特性がもうひとつのうねりをつくり出すこともある。私は最近、「言語、風景、集い」というテーマで日本の建築と都市文化の特性について述べる機会があった（ＵＩＡ二〇一一TOKYO　基調講演）。〈言語〉については既にこの本文の冒頭について述べたので省略する。次の〈風景〉では日本独特の変化のある自然の存在が生んだ都市・建築の特性を指摘した。例えば遠心性よりも求心性の強い空間構成、その求心性を高める見えない中心に向かっての多層のひだの形成。そこから生まれる奥性の認識。あいまい性の強調。あるいは水平軸の強調と非対称の美学の出現等を挙げた。これらは既に識者の間ではよく知られている特性であるのだが、それは長く島国において鎖国の状態の中で次第に醸成されてきたものである。しかし第三の〈集い〉で、日本の駅舎文化についての考察は、日本の一八五〇年以降の近代化の過程における都市が産んだ新しい文化形態の紹介であり、おそらくこれは識者の間でも最初の発言ではないかと思う。その要旨は、都市生活のひとつの重要な集いの核として鉄道と鉄道駅、ひいては駅文化の発展を紹介した。日本は近代化後、きわめて密度の高い鉄道網を日本全国に完成させると共に、大都市、特に東京ではその近郊も含め、公私鉄道網と地下鉄を一体化することによって、便利、正確、安全、高速、快適、親切さにおいて、世界に誇るネットワークを完成させた。そして特筆すべきは、同時に独特の駅舎文化を形成したことにある。一日数百万人が利用する新宿、渋谷、品川の拠点は周辺地域も含めてそれぞれの特色のあるミニ・シティを実現している。駅舎のスタイルもバラエティに富んでいる。西洋古典主義（東京駅）、メガ・ストラクチャー（京都駅）、ポスト・モダン（湯布院駅）、ネオ・モダン（熊本駅）等、近代のあらゆるスタイルを持った駅舎が出現している。一方地方では宿屋や公共風呂のついた日本家屋風の野趣に富んだ木造の駅にも事欠かない。そしてさまざまなサービスや様態を含んだ駅文化をつくり上げた。この何でもありの精神は日本人が駅に対して異常なまでの親近感を持ってきた証左である。しかも新橋駅に始まったこの駅文化は一五〇年間にわたってさまざまなメタモルフォーゼを遂げながら、今もなお発展し続けている。このことは地域文化のリージョナリズムとは単に過去の遺産の継承だけにとどまらず、現在もダイナミックに進行する社会意志の表現として捉えることができる。ちょうど毎日使う言葉の中からわれわれが無意識のうちに理性と感性のバランスを体得していくように。幸い日本は既に指摘したように二千年にわたって他国の政治的支配を受けることなく、また他文化を自己判断によって吸収することができた、世界でも珍しい文化圏であった。それが故に独特の文化を発展することができたが、そうでない地域において、今日のグローバリゼーションの中で新リージョナリズムというべきものは可能なのか。その日本ですら、新しく獲得するものよりも失うものの方が遥かに多い現実において、それは世界中の地域社会に与えられた重い課題でもあるのだ。

## 再び大海原の中で

しかし同時にそれは刺激のある課題なのだ。なぜなら私が一艘の船が消失し、大海原だけが存在するといったのは、別の言葉で表現するならば、西欧中心のモダニズムも消失したのに外ならないのである。何でもありとは今までなかったものが出現する可能性も示唆しているのだ。最近森美術館でアラブ・エクスプレスというアラブの現代アーティストたちによるきわめて刺激的な展覧会が開催されている。われわれはそこに何千年間許されなかったアラブ世界において新しく獲得した自由がつくり出した強烈なパワーを見出すのだ。もちろん建築はアート程容易に地域文化の形成を許さない。しかしかりにル・コルビュジエの様な天才がアフリカに生まれたとすれば、それはアフリカの現代建築を一変させるかもしれない。ル・コルビュジエは中近東、アジアあるいは南米に生まれても不思議ではないのだ。ちょうどGlobishが必ずしもEnglishの洗練性を意味するのではなく、むしろその劣化を促すことは既に指摘した。モダニズムもまた得体の知れないポタージュ化すればする程、知らないうちに建築文化総体としての劣化現象が既に始まっているのかもしれない。百年後の建築史家、文明史家が今日のモダニズムの様態をどのように見るかはきわめて興味のあることである。しかし同時に現在に生きるものとして、あらためて建築の永続的な価値(もしもそれがあるとすれば)とは何か、あるいはモダニズムのある局面では更なる深化が可能なのか、あるとすればどの様相においてか等々……。現在の大海原の状態であるからこそ、そうしたゼロからの発想と討議が可能になってくるきわめてエキサイティングな時代なのだ。ここでも新しい建築評論のあり方が問われているのだ。

こんなことがあった。私の事務所の近くの横断歩道で青信号を待っていたら、ひとりの若い青年が寄って来て、「槇さんですか」と聞いたので、そうだと答えると、横断歩道を渡りながら彼は「これからの建築はどうなるんでしょうか」と聞いてきた。こちらは無言のまま別れたが、この偶然の出会いが、このエッセイを書こうというきっかけのひとつになったのも事実である。

(初出『新建築』二〇一二年九月号、一部加筆訂正)

編集
特定非営利活動法人 建築思考プラットフォーム
(関 康子、涌井彰子、石黒知子、浦川愛亜)

**建築的冒険者の遺伝子　1970年代から現代へ**

2017年8月10日　第1版 発 行

編　者　ギャラリーIHA／法政大学デザイン工学部建築学科デザイン・ラボ・ユニット

著作権者との協定により検印省略

発行者　下　出　雅　徳
発行所　株式会社　彰　国　社

自然科学書協会会員
工学書協会会員

162-0067 東京都新宿区富久町8-21
電話　03-3359-3231(大代表)
振替口座　00160-2-173401

Printed in Japan



印刷：三美印刷　製本：誠幸堂

ISBN 978-4-395-32096-7 C 3052　http://www.shokokusha.co.jp